El ADN de los Nazarenos
Curso Básico de la Escuela de Liderazgo

Iglesia del Nazareno
Región Mesoamérica

Ruthie Córdova Carvallo

El ADN de los Nazarenos

Libro de la serie "Escuela de Liderazgo"
Curso Básico

Autora: Ruthie I. Córdova

Edición: Dra. Mónica E. Mastronardi de Fernández
Revisores: Dr. Rubén E. Fernández, Dra. Ruthie I. Córdova

Material producido por EDUCACIÓN Y DESARROLLO PASTORAL de la Iglesia del Nazareno, Región Mesoamérica - www.edunaz.org
Dirección postal: Apdo. 3977 – 1000 San José, Costa Rica, América Central.
Teléfono (506) 2285-0432 / 0423 - Email: EL@mesoamericaregion.org

Publica y distribuye Asociación Región Mesoamérica
Av. 12 de Octubre Plaza Victoria Locales 5 y 6
Pueblo Nuevo Hato Pintado, Ciudad de Panamá
Tel. (507) 203-3541
E-mail: literatura@mesoamericaregion.org

Copyright © 2017 - Derechos reservados
Queda prohibida la reproducción parcial o total, por cualquier medio, sin el permiso escrito de Educación y Desarrollo Pastoral de la Iglesia del Nazareno, Región Mesoamérica.
www.mesoamericaregion.org

Todas las citas son tomadas de la Nueva Versión Internacional 1999 por la Sociedad Bíblica Internacional, a menos que se indique lo contrario.

Diseño de portada: Juan Manuel Fernández (www.juanfernandez.ga)
Imagen de portada por Joshua Jordan
Utilizada con permiso (Creative Commons).

Impresión digital

Índice de las lecciones

Lección 1	Nuestra identidad	9
Lección 2	Nuestro origen	17
Lección 3	Nuestro fundador	25
Lección 4	Nuestra historia	33
Lección 5	Nuestras creencias	41
Lección 6	Nuestra organización	49
Lección 7	Nuestros valores y misión	57
Lección 8	Nuestro estilo de vida	65

Presentación

La serie de libros **Escuela de Liderazgo** ha sido diseñada con el propósito de proveer una herramienta a la iglesia para la formación, capacitación y entrenamiento de sus miembros a fin de integrarlos activamente al servicio cristiano conforme a los dones y el llamado (vocación) que han recibido de su Señor.

Cada uno de los libros provee el material de estudio para un curso del programa **Escuela de Liderazgo** que es ofrecido por las Instituciones Teológicas de la Región Mesoamérica de la Iglesia del Nazareno. Éstas son: IBN (Cobán, Guatemala); STN (Ciudad de Guatemala); SENAMEX (Ciudad de México) y SENDAS (San José, Costa Rica); SND (Santo Domingo, República Dominicana) y SETENAC (La Habana, Cuba). Un buen número de los y las líderes de estas instituciones (rectores, directores, vicerrectores y directores de estudios descentralizados) participaron activamente en el diseño del programa.

La **Escuela de Liderazgo** cuenta con cinco Cursos Básicos, comunes a todos los ministerios, y seis Cursos Especializados para cada ministerio, al final de los cuales la Institución Teológica respectiva le otorga al estudiante un certificado (o diploma) en Ministerio Especializado.

El objetivo general de la **Escuela de Liderazgo** es: "Colaborar con la iglesia local en el equipamiento de los "santos para la obra del ministerio" cimentando en ellos un conocimiento bíblico teológico sólido y desarrollándolos en el ejercicio de sus dones para el servicio en su congregación local y en la sociedad." Los objetivos específicos de este programa son tres:

- Desarrollar los dones del ministerio de la congregación local.
- Multiplicar ministerios de servicio en la iglesia y la comunidad.
- Despertar la vocación al ministerio profesional diversificado.

Agradecemos a la Dra. Mónica Mastronardi de Fernández por su dedicación como Editora General del proyecto, a los Coordinadores Regionales de Ministerios y al equipo de escritores y diseñadores que colaboraron en este proyecto. Agradecemos de igual manera a los profesores y profesoras que compartirán estos materiales. Ellos y ellas harán la diferencia en las vidas de miles de personas a lo largo y ancho de Mesoamérica.

Finalmente, no podemos dejar de agradecer al Dr. L. Carlos Sáenz, Director Regional MAR, por su respaldo permanente en esta tarea, fruto de su convicción de la necesidad prioritaria de una iglesia equipada de manera integral.

Oramos por la bendición de Dios para todos los discípulos y todas las discípulas cuyas vidas y servicio cristiano serán enriquecidos por estos libros.

Dr. Rubén E. Fernández
Coordinador de Educación y Desarrollo Pastoral
Región Mesoamérica

¿Qué es la Escuela de Liderazgo?

Escuela de Liderazgo es un programa de educación para laicos en las diferentes especialidades ministeriales para involucrarlos en la misión de la iglesia local. Este programa es administrado por las Instituciones Teológicas de la Iglesia del Nazareno en la Región Mesoamérica e impartido tanto en sus sedes como en las iglesias locales inscriptas.

¿Para quiénes es la Escuela de Liderazgo?

Para todos los miembros en plena comunión de las iglesias del nazareno quienes habiendo participado en los niveles B y C del programa de discipulado, desean de todo corazón descubrir sus dones y servir a Dios en su obra.

Plan ABCDE

Para contribuir a la formación integral de los miembros de sus iglesias, la Iglesia del Nazareno de la Región Mesoamérica ha adoptado el plan de discipulado ABCDE, y desde el año 2001 ha iniciado la publicación de materiales para cada uno de estos niveles. La Escuela de Liderazgo corresponde al Nivel D del plan de discipulado ABCDE y ha sido diseñada para aquellos que ya han pasado por los anteriores niveles de discipulado.

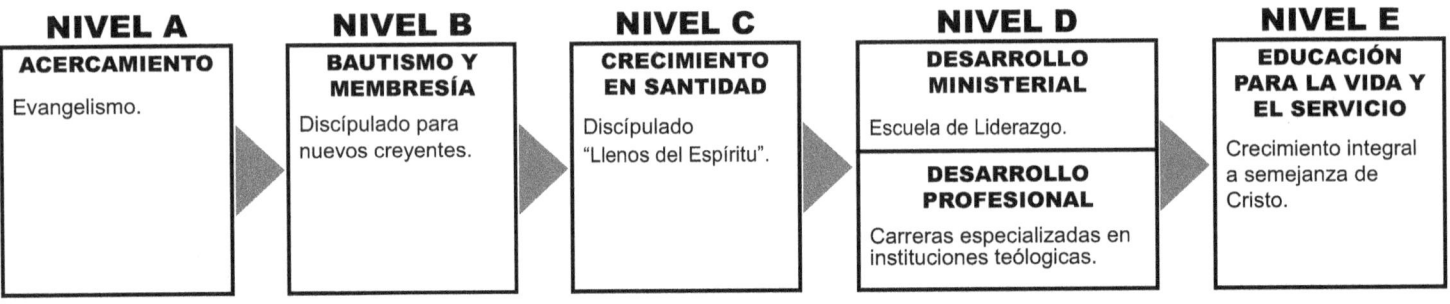

En la Iglesia del Nazareno creemos que hacer discípulos a imagen de Cristo en las naciones es el fundamento de la obra misional de la Iglesia y responsabilidad de su liderazgo (Efesios 4:7-16). La labor de discipulado es continua y dinámica, es decir el discípulo nunca deja de crecer a semejanza de su Señor. Este proceso de crecimiento, cuando es saludable, ocurre en todas dimensiones: en la dimensión individual (crecimiento espiritual), en la dimensión corporativa (incorporación a la congregación), en la dimensión santidad de vida (transformación progresiva de nuestro ser y hacer conforme al modelo de Jesucristo) y en la dimensión servicio (invertir la vida en el ministerio).

Dra. Mónica Mastronardi de Fernández
Editora General Libros de Escuela de Liderazgo

¿Cómo usar este libro?

Este libro que tiene en sus manos es para el curso introductorio: Descubriendo mi Vocación en Cristo, del programa Escuela de Liderazgo. El objetivo de este curso es ayudar a los miembros de las iglesias del Nazareno a descubrir sus dones y su llamado ministerial, y al mismo tiempo animarlos a matricularse en la Escuela de Liderazgo a fin de capacitarse para servir al Señor en su iglesia local.

¿Cómo están organizados los contenidos de este libro?

Cada una de las ocho lecciones de este libro contiene lo siguiente:

> **Objetivos:** estos son los objetivos de aprendizaje que se espera que el alumno alcance al terminar el estudio de la lección.

> **Ideas Principales:** Es un resumen de las enseñanzas claves de la lección.

> **Desarrollo de la lección:** Esta es la sección más extensa pues es el desarrollo de los contenidos de la lección. Estas lecciones se han escrito pensando en que el libro es el maestro, por lo que su contenido se expresa en forma dinámica, en lenguaje sencillo y conectado con las ideas del mundo contemporáneo.

> **Notas y comentarios:** Los cuadros al margen tienen el propósito de aclarar términos y proveer notas que complementan o amplían el contenido de la lección.

> **Preguntas:** En ocasiones se incluyen preguntas al margen que el profesor puede usar para introducir, aplicar o reforzar un tema de la lección.

> **¿Qué aprendimos?:** En un recuadro que aparece al final del desarrollo de la lección se provee un resumen breve de lo aprendido en la misma.

> **Actividades:** Esta es una página al final de cada lección que contiene actividades de aprendizaje individuales o grupales relativas al tema estudiado. El tiempo estimado para su realización en clase es de 20 minutos.

> **Evaluación final del curso:** Esta es una hoja inserta en la última página del libro y que una vez completada el alumno debe separar del libro y entregar a profesor del curso. La duración estimada para esta actividad de reforzamiento final es de 15 minutos.

¿Cuánto dura el curso?

Este libro ha sido diseñado para que el curso pueda enseñarse en diferentes modalidades:

Como curso de 8 sesiones:

En total se requieren 12 horas de clase presencial repartidas en 8 sesiones de 90 minutos. Los días y horarios serán coordinados por cada Institución Teológica y cada iglesia o centro local de estudios. Dentro de esta hora y media el profesor o la profesora debe incluir el tiempo para las actividades contenidas en el libro.

Como taller de 3 sesiones:

- Sesión plenaria de 90 minutos (lección 1).
- Seis talleres de 90 minutos cada uno. Los participantes asisten a uno de estos talleres conforme a sus dones más fuertes (lecciones 2 a 7).

- Última plenaria de 90 minutos (lección 8).

Ejemplo de cómo distribuir el tiempo para taller de un sábado:

Taller: Descubra su vocación en Cristo

8:00 am	Inscripción
8:30 a 10:00 am	Plenaria: Descubre tus dones espirituales
10:00 a 10:30 am	Receso
10:30 a 12:00 am	Talleres sobre Especialidades Ministeriales
12:00 a 1:00 pm	Almuerzo
1:00 a 2:30 pm	Plenaria ¿Cuál es mi función en el Cuerpo de Cristo?
2:30 a 3:00 pm	Receso
3:00 a 4:00 pm	Presentación de Escuela de Liderazgo y Prematrícula para Cursos Básicos

¿Cuál es el rol del alumno?

El alumno es responsable de:

1. Matricularse a tiempo en el curso.
2. Adquirir el libro y estudiar cada lección antes de la clase presencial.
3. Asistir puntualmente a las clases presenciales.
4. Participar en las actividades en clase.
5. Participar en la práctica ministerial en la iglesia local fuera de clase.
6. Completar la evaluación final y entregarla al profesor.

¿Cuál es el rol del profesor del curso?

Los profesores y las profesoras para los cursos de Escuela de Liderazgo son pastores/as y laicos comprometidos con la misión y ministerio de la Iglesia y de preferencia que cuentan con experiencia en el ministerio que enseñan. Ellos son invitados por el/la Director/a de Escuela de Liderazgo de la iglesia local (o Institución Teológica) y sus funciones son:

1. Prepararse con anterioridad estudiando el contenido del libro y programando el uso del tiempo en la clase. Al estudiar la lección debe tener a mano la Biblia y un diccionario. Aunque en las lecciones se usa un vocabulario sencillo, se recomienda "traducir" lo que se considere difícil de entender a los alumnos y alumnas, o sea, poner la lección en el lenguaje que ellos y ellas comprenden mejor.

2. Velar para que los/as alumnos/as estudien el material del libro y alcancen los objetivos de aprendizaje.

3. Planear y acompañar a los estudiantes en las actividades de práctica ministerial. Estas actividades deben programarse y calendarizarse junto al pastor local y el/la director/a del ministerio respectivo. Para estas actividades no debe descontarse tiempo a las clases presenciales.

4. Llevar al dia la asistencia y las calificaciones en el formulario de Informe de clase. El promedio final será el resultado de lo demostrado por el/la estudiante en las siguientes actividades:

a. Trabajo en clase

b. Participación en la práctica ministerial fuera de clase.

   c. Evaluación final

5. Recoger las hojas de "Evaluación", entregarlas junto al formulario "Informe de clase" al finalizar el curso al/ a la director/a de Escuela de Liderazgo local, esto después de evaluar, cerrar los promedios y verificar que todos los datos estén completos en el formulario.

6. Los profesores y las profesoras no deben agregar tareas de estudio o lecturas aparte del contenido del libro. Si deben ser creativos/as en el diseño de actividades de aprendizaje en clase y en planear actividades ministeriales fuera de clase conforme a la realidad de su iglesia local y su contexto.

¿Cómo enseñar una clase?

Se recomienda usar los 90 minutos de cada clase presencial de la siguiente manera:

- **5 minutos:** Enlace con el tema de la lección anterior y orar juntos.

- **30 minutos:** Repaso y discusión del desarrollo de la lección. Se recomienda usar un bosquejo impreso, pizarra o cartulina u otro disponible, usar dinámicas de aprendizaje y medios visuales como gráficos, dibujos, objetos, láminas, preguntas, asignar a los alumnos que presenten partes de la lección, etc. No se recomienda usar el discurso o que el maestro lea nuevamente el contenido de la lección.

- **5 minutos:** Receso ya sea en el medio de la clase o cuando sea conveniente hacer un corte.

- **20 minutos:** Trabajo en las actividades del libro. Esto puede realizarse al inicio, en el medio o al final del repaso, o bien se pueden ir completando actividades a medida que avanzan en los temas y conforme éstas se relacionan con los mismos.

- **20 minutos:** Discusión sobre la práctica ministerial que hicieron y que tendrán. Al inicio del curso se deberá presentar a los estudiantes el calendario de la práctica del curso para que ellos hagan los arreglos para poder asistir. En las clases donde se hable sobre la práctica que ya hicieron, la conversación debe ser dirigida para que los alumnos compartan lo que aprendieron; tanto de sus aciertos, como de sus errores, así como de las dificultades que se presentaron.

- **10 minutos:** Oración por los asuntos surgidos de la práctica (desafíos, personas, problemas, metas, agradecimiento por los resultados, entre otros).

¿Cómo hacer la evaluación final del curso?

Asigne 15 minutos de tiempo a los y las estudiantes en la última clase del curso. Si fuera necesario ellos y ellas pueden consultar sus libros y Biblias. Las evaluaciones finales se han diseñado para ser una actividad de reforzamiento de lo aprendido en el curso y no una repetición memorística de los contenidos del libro. Lo que se propone con esta evaluación es medir la comprensión y la valoración del estudiante hacia los temas tratados, su crecimiento espiritual, su progreso en el compromiso con la misión de la iglesia local y su avance en experiencia ministerial.

Actividades de práctica ministerial

Las siguientes son actividades sugeridas para la práctica ministerial fuera de clase. En la lista abajo se incluyen varias ideas para ayudar a los profesores, pastores, director de Escuela de Liderazgo local y directores locales de ministerio. De ellas se puede escoger las que más se adapten a la realidad contextual y el ministerio de la iglesia local o bien pueden ser reemplazadas por otras conforme a las necesidades y posibilidades.

Se recomienda tener no menos de tres actividades ministeriales por curso. Puede poner a toda la clase a trabajar en un mismo proyecto o asignar tareas en grupos según sus intereses, dones y habilidades. Es recomendable involucrar a los alumnos y alumnas en una variedad de experiencias ministeriales que sean nuevas para ellos y ellas.

Actividades ministeriales sugeridas para El ADN de los Nazarenos

1. Integrar a los estudiantes en un comité de trabajo para organizar un culto o actividad especial de celebración del aniversario de la Iglesia del Nazareno en el mes de octubre.

2. Distribuir a los estudiantes en las células, grupos de discipulado y/o clases de Escuela Dominical, cultos juveniles, entre otros, para dar una clase sobre la historia de nuestros fundadores u otro tema estudiado.

3. Que los estudiantes preparen una cartelera especial sobre la Historia de la Denominación.

4. Que los alumnos preparen algún arte visual para enseñar los valores de la Iglesia del Nazareno (como ser señaladores para libros, banners, presentación en video proyector, etc.).

5. Que los alumnos preparen un drama o tres dramas cortos para algún o algunos culto/s de la iglesia sobre la posición de la denominación en cuanto a algunas cuestiones críticas del contexto contemporáneo.

6. Que los alumnos enseñen a los niños los valores usando títeres, payasos, mimos o dramas entre otros, de acuerdo a sus dones y habilidades.

7. Visitar algunos hogares de la comunidad para hablar a los vecinos de nuestros valores e invitarlos a una reunión evangelística especial.

8. Organizar un culto o actividad especial de acción de gracias en el cumpleaños de la iglesia local donde cada familia traiga un presente para usar en el ministerio (por ejemplo: Biblias, elementos para las clases de los niños, algo para decorar el edificio, algo para la construcción, necesidades de la casa pastoral, equipo para los cultos, etc.). Estas actividades resultan mejor cuando se provee una lista de las necesidades.

Lección 1

Nuestra Identidad

Objetivos
- Conocer nuestra identidad denominacional.
- Abrazar la identidad denominacional en la iglesia local.
- Expresar nuestra identidad denominacional.

Ideas Principales
- Identidad es aquello que se tiene en común con un grupo, y que hace a este grupo único y diferente de los demás.
- La identidad denominacional está basada en una combinación de propósito, creencias y valores propios de una comunidad cristiana.

Introducción

Cada persona tiene rasgos físicos únicos que son heredados por medio de los genes donde se encuentra el ADN. Las siglas ADN, son la abreviatura de "ácido desoxirribonucleico". Este ácido habita en los núcleos de todas las células de los seres vivos y funciona como un pequeño chip de computadora puesto que contiene la información genética que dicho organismo usará como guía en su desarrollo y en su funcionamiento. El ADN es el responsable de transmitir esa rica herencia de características de nuestros antepasados que es parte de nuestra identidad.

Sinónimos de identidad son: igualdad, equivalencia, autenticidad.

¿Qué es identidad?

En esta sección aprenderemos el significado de "identidad"

Cada persona adquiere una identidad comenzando desde su herencia genética y sigue formándose a lo largo de su vida por medio de la influencia de la familia, las costumbres, el país, el sexo, el nombre, la sociedad, entre otros. La identidad es un conjunto de características que hacen que alguien o algo sea reconocido sin posibilidad de confusión con otro. La identidad es lo que nos distingue como pertenecientes a una familia o grupo de personas. Así pues, se dice que una persona tiene identidad cuando es congruente con lo que es y lo que hace y que no cambia a pesar de las circunstancias.

En la sociedad, las instituciones, compañías y organizaciones también tienen una identidad que las caracterizan. Estas entidades crean, forman y mantienen lo que se conoce como identidad corporativa, que es la manera como se trasmiten valores, promesas, creencias, formas de comportamiento, estilos de satisfacción, etc. Esa identidad se forma y fortalece, en primer lugar, con todos los que trabajan en esa compañía o institución, desde los miembros de la junta ejecutiva hasta los trabajadores de roles menores en la organización. Y en segundo lugar, las entidades dedican tiempo, invierten recursos y grandes cantidades de dinero para crear y cuidar su identidad corporativa también en la comunidad donde laboran y quieren hacer un impacto que les resulte en importantes beneficios.

La Iglesia del Nazareno como organización cristiana también tiene una identidad definida que la caracteriza y que se expresa en su misión, creencias

El Manual de la Iglesia del Nazareno es revisado y actualizado por la Asamblea General de la Iglesia del Nazareno que se efectúa cada 4 años.
Recomendamos consultar la última versión vigente del Manual al estudiar este curso. Se incluye en la Bibliografía el sitio web donde puede descargar el PDF actualizado.

y valores. En este caso, un aspecto de su identidad, es el hecho de ser parte de la iglesia universal de Jesucristo.

En el Nuevo Testamento toda iglesia local es parte de la iglesia universal, pero también cada persona que es miembro de la iglesia local, es miembro de la iglesia universal de Cristo Jesús. Una iglesia local es visible pero la iglesia universal es invisible, pues está compuesta por los creyentes de todas las generaciones, los cuáles no están presentes en forma corporal, pero sí son parte de la Iglesia que Jesucristo vendrá a buscar, en su segunda venida (1 Tesalonicenses 4:13-17).

La Biblia enseña que sólo hay una Iglesia, la Iglesia de Cristo Jesús. No todo lo que actualmente se denomina "iglesia", se enmarca dentro del concepto bíblico. La verdadera naturaleza de la iglesia es de una doble identidad: como pueblo sacado por Dios del mundo para adorarle y enviado nuevamente al mundo a fin de dar testimonio y servir.

Otros aspectos de su identidad, es que la Iglesia del Nazareno comienza con la historia del pueblo de Dios que se encuentra en el Antiguo y Nuevo Testamento. Es una iglesia que acepta los credos cristianos, se considera protestante en el sentido doctrinal, es una iglesia wesleyana, se identifica históricamente con una tradición teológica particular: el metodismo, y se promueve como una iglesia de santidad.

La misión, valores, creencias y otros aspectos conforman una especie de "cultura eclesiástica" que identifica a los miembros de nuestra denominación en cualquier parte del mundo.

La definición de Juan Wesley sobre iglesia, describe a esta iglesia universal: "La iglesia católica o universal es, todas las personas en el universo a quienes Dios ha llamado del mundo de tal manera que tengan derecho al carácter de ser "un cuerpo", unido por "un Espíritu"; teniendo "una fe, una esperanza, un bautismo; un Dios y Padre de todos, el cual es sobre todos, y por todos, y en todos".

¿Por qué es importante tener una identidad?

En esta sección estudiaremos sobre el valor de tener una identidad

Tener una identidad es muy valioso e importante. A nivel personal, la identidad se hereda, se modela, forma y fortalece durante toda la vida.

Los cristianos también desarrollan una identidad como seguidores de Jesucristo, como miembros de una iglesia local y parte de la iglesia universal. Esta identidad da un sentido de pertenencia, de propósito para la vida, de una misión clara y definida.

Es muy importante tener una identidad cristiana en medio de un contexto de confusión religiosa. Se espera que dicha identidad provea raíces, que sirva de punto de apoyo, que dé estabilidad, seguridad, sentido de pertenencia, y que establezca puntos de referencia o parámetros para tomar decisiones y actuar.

La identidad, en cierto sentido, se recibe como una herencia por lo que es necesario conocerla, entenderla, valorarla y mantenerla. El Dr. John Knight, quien fuera el 25avo superintendente general de la denominación, hace un estudio en la primera carta a los Corintios, capítulo 15:1-4 donde observa tres ideas importantes del apóstol Pablo sobre la identidad cristiana:

Metodismo: Iglesia fundada por Juan Wesley, caracterizada por la oración, el estudio bíblico, el trabajo social, la predicación de la vida de santidad, entre otros, utilizando métodos en su quehacer ministerial.

Cristología: Estudio de la teología que trata sobre diferentes aspectos de la persona de Cristo como el Salvador del mundo.

En primer lugar, que la enseñanza que ha sido recibida (tradición) debe ser retenida y considerada como una herencia viva. En segundo lugar, que tenemos la responsabilidad de tomar esas enseñanzas y transmitirlas, ya que es una herencia que debe pasarse a otros. En tercer lugar, que esas enseñanzas deben estar centradas en Jesucristo que es justamente el puro evangelio, por lo que es una herencia "cristológica" (Knight: 15-16)

Así pues, cada nazareno tiene una herencia personal que ha recibido dentro de la denominación y en el Movimiento de Santidad Wesleyano, por lo que está obligado a pasarla a la siguiente generación, pero sobretodo, a mantener viva la tradición (verdades, enseñanzas del evangelio de Cristo) y fortalecer la unidad y el compañerismo.

Sin embargo, si no se mantiene viva la tradición existe el peligro de perderse. El Dr. Knight dice que eso ocurre cuando lo que se recibe y aprende (doctrina), se resume solo a fórmulas que se repiten, a prácticas que se mantienen como rituales, a la pérdida de significado de las creencias, al abandono del lugar central del mensaje del evangelio por otras cosas menos importantes y cuando la adoración se vuelve impersonal, en lugar de una relación vital con un Dios vivo y santo.

¿Cuáles son los componentes de la identidad nazarena?

A continuación conoceremos los cinco componentes de nuestra identidad

La herencia de la Iglesia del Nazareno está caracterizada por varios elementos que llegan a ser componentes de su identidad. Para el Dr. Knight, esos elementos claves son la lealtad a la Palabra de Dios como la fuente única de autoridad para nuestras creencias y prácticas en la fe cristiana; el énfasis en la doctrina de la entera santificación; la predicación bíblica; el espíritu de espontaneidad en la alabanza y la música; el evangelismo; las misiones; la compasión; la educación cristiana y teológica; la juventud; y el liderazgo de la denominación bajo la guía de superintendentes. Todos estos elementos han contribuido en la formación y permanencia de la denominación a través de los años.

Al igual que en la identidad de una persona u organización, son parte de la identidad denominacional los valores, un nombre, las tradiciones, la historia, la organización, el compromiso, un sentido de pertenencia, la cultura, las creencias, etc. Por tanto, para conocer mejor y entender a la Iglesia del Nazareno como denominación, se ha de entender a sus fundadores, a la iglesia como una iglesia cristiana en la tradición wesleyana, conocer su genealogía, sus orígenes, sus creencias y enseñanzas, su misión, sus valores, sus características y peculiaridades propias, etc. es decir, su identidad dentro de la diversidad teológica en el mundo.

La Iglesia del Nazareno alrededor del mundo comparte cinco componentes claves que dan soporte a la identidad denominacional. Estos son: su historia, su teología, su organización, su misión y su estilo de vida.

Su historia, que describe los orígenes de la denominación, sus características y distinciones, sus líderes fundadores, su visión, sus desafíos, sus primeras convicciones, su relación con denominaciones hermanas, etc.

Su teología, que expone las creencias de la denominación, sus fundamentos doctrinales, su tradición o identidad teológica, sus énfasis, sus enseñanzas, sus diferencias con otras tradiciones teológicas, etc.

Su organización, que revela la forma de gobierno de la denominación, su propósito, sus estructuras, sus ministerios, sus metas, su administración en diferentes áreas.

Su misión, que guía a la denominación, la naturaleza de su llamado, su visión, su tarea, su alcance, su desarrollo.

Su estilo de vida, establecida por la experiencia cristiana de sus miembros y como resultado de su obediencia a vivir la vida santa, manifestada en su carácter y conducta cristiana, en sus valores, en su cosmovisión, en su posición sobre asuntos morales y sociales contemporáneos que le llevan a ser más semejantes a Jesucristo.

Nuestra identidad evangélica

En la sección que sigue comprenderemos nuestro legado evangélico

El reverendo Wilfredo Canales explica que somos una iglesia con un legado evangélico bien definido. Nuestra Iglesia está arraigada en una rica historia cristiana. Por lo tanto, nos consideramos herederos de un legado evangélico que se conecta con la predicación de nuestro Señor Jesucristo. Los Artículos de Fe de nuestra Constitución dan el mejor testimonio de lo que es nuestro depósito de la fe según la expresión paulina. Estos, no constituyen simples declaraciones doctrinales sin su correspondiente arraigo vivencial. Más bien, son el constante recordatorio del marco de vida dentro del cual hemos de movernos para el cumplimiento de nuestra misión.

La identidad evangélica que caracteriza a nuestra iglesia brota de un serio compromiso con las Escrituras, como nuestra máxima norma de fe y conducta. Dentro de este legado evangélico, asumimos con integridad el mensaje bíblico de una vida de santidad, como la norma para una fe cristiana que honra a Dios y busca ser útil a sus propósitos.

Necesitamos relacionar la enseñanza bíblica con la problemática dentro de la cual ministra la iglesia. No debe haber área del quehacer humano que quede excluida de la proclamación e influencia del mensaje de salvación total de Dios en Cristo Jesús.

¿Cómo se forma y fortalece la identidad nazarena en la iglesia local?

A continuación aprenderemos cómo cuidar y transmitir nuestra identidad

Legado: Aquello que se deja o trasmite a los sucesores o próximas generaciones.

En algunas iglesias locales es posible encontrar familias que han sido nazarenas por muchos años. En este caso, es grato saber que ellas mismas tratan de preservar la identidad de la denominación leyendo regularmente libros de historias misioneras, apoyando en las celebraciones de los

Lección 1 - Nuestra Identidad

aniversarios y eventos de la denominación y de la iglesia local, siendo fieles con su asistencia a las actividades y cultos de la iglesia y del distrito, siendo generosos al financiar proyectos de toda índole que la iglesia patrocina a nivel local, distrital o internacional y de su entusiasmo por compartir con otros el evangelio y mensaje de santidad.

En el caso de miembros que vienen de diferentes iglesias o que no tienen ningún transfondo religioso, es importante trabajar con ellos por medio de clases de membresía, clubes de lectura sobre la historia de la denominación, involucramiento a participar en las celebraciones y festividades como aniversario de la iglesia local, aniversario de la denominación, días especiales (día del pastor, día de Juan Wesley, día de Phineas Bresee, etc.), a asistir a eventos denominacionales a nivel de distrito, nacionales e internacionales (conferencias, asambleas, retiros, congresos, etc.), a contribuir con sus ideas y sugerencias para fomentar el amor por la denominación y desarrollar ministerios con la comunidad.

Cada iglesia local necesita de un sistema permanente para discipular intencionalmente a los nuevos convertidos y a los miembros con la enseñanza de las creencias distintivas y tradiciones de la Iglesia del Nazareno. Para ello debe organizar cursos para bautismo, membresía, crecimiento en la santidad de vida, ministerios, liderazgo, etc.

Es necesario enseñar a los nuevos cristianos no solamente las creencias esenciales comunes a todas las iglesias cristianas, sino también que valoren el hecho de ser nazarenos y wesleyanos. Llevar a cabo charlas para hablar a los miembros de la iglesia local sobre lo que significa ser nazareno y wesleyano desde la perspectiva histórica y teológica y sus diferencias con otras tradiciones.

Es igualmente valioso la promoción y el uso de los materiales educacionales de la denominación. Dedicar un fin de semana para presentar a los miembros de la iglesia local, lo que la denominación produce para la formación y crecimiento de su vida cristiana según su edad, desde materiales de evangelismo hasta cursos de formación teológica. Mostrar creativamente como usar los materiales a nivel individual, a nivel de familia, en grupos pequeños y en clases de Escuela Dominical.

Así mismo, fomentar los programas del trabajo misionero de la denominación por medio de actividades creativas y alegres que capten el interés, amplíen la visión, generen motivación y estimulen su involucramiento para apoyar la misión. Es importante que los miembros sientan que ellos participan en la misión global de la denominación.

Una buena predicación bíblica fortalece la identidad denominacional, especialmente cuando se predican sermones expositivos que tienen base teológica y cuyo objeto es fortalecer aquellas enseñanzas prácticas con respecto a la santidad.

Una buena predicación bíblica fortalece la identidad denominacional

Otra manera de mantener la identidad de la iglesia local es fomentar el sentido de comunidad, donde los creyentes se conecten con Dios y el uno con el otro, donde ellos sientan que están juntos como hermanos en Cristo, cantando, orando, participando de los sacramentos, apoyándose uno al otro, restaurándose, y viéndose como parte de una gran familia internacional.

En resumen, para que la iglesia local crea, forme y mantenga una fuerte identidad denominacional necesita aprovechar los recursos a su alcance para ayudar a sus miembros a conocer y apreciar las fortalezas de su pasado histórico como nazarenos, su identidad teológica como wesleyanos, y su distinción como iglesia de santidad, mantener viva la doctrina, las prácticas, la adoración y la predicación de diferentes maneras, invertir tiempo y recursos en el discipulado de los nuevos convertidos, capacitar y desarrollará a los laicos para que utilicen sus dones, habilidades y talentos en la obra, conservar los nuevos convertidos consolidando y equipándoles para el servicio y el cumplimiento de la misión de la iglesia.

El tener una identidad denominacional fomenta en los miembros un sentido de pertenencia y facilita el uso de recursos y esfuerzos, beneficiando así a la iglesia en cualquier lugar del mundo. Sin embargo, si por el contrario se descuida uno o varios aspectos en esa formación de identidad, la iglesia local correrá el peligro de perderla. Entonces, es importante estar alerta cuando aparezcan señales que puedan dañar o llevar a perder la identidad denominacional. Por ejemplo, cuando se introducen creencias, prácticas u otros elementos que son incompatibles con su tradición doctrinal.

¿Qué Aprendimos?

Que la Iglesia del Nazareno tiene una identidad definida contenida en cinco componentes principales que son comunes a todos los nazarenos y nazarenas en cualquier parte del mundo. Es importante desde la iglesia local formar y mantener nuestra identidad.

Lección 1 - Nuestra Identidad

Actividades

INSTRUCCIONES:

1. Aplicando principios de Warren Bennis y Burt Nanus, para las organizaciones (Líderes: Las Cuatro Claves del Liderazgo Eficaz p. 35, 1994) podemos decir que una iglesia local necesita velar por su identidad denominacional, esto le permitirá estar integrada, es decir, "tener un sentido de lo que es y de lo que debe hacer". A fin de evaluar cuanto se cumple esto en su congregación, haga la siguiente encuesta a unas 10 personas:

- ¿Porqué es usted nazareno?
- ¿Cuál es la doctrina distintiva de la Iglesia del Nazareno?
- ¿Puede mencionar a su fundador?
- ¿Cuál es la misión de la denominación?

2. Escriba una lista de 6 características que describen a su iglesia local. ¿Qué tipo de iglesia es? Analice y reflexione sobre lo que escribió a la luz de lo que se enseñó en esta lección sobre identidad denominacional.

_____   _____   _____
_____   _____   _____

3. Dé 5 ideas prácticas que su iglesia local puede hacer para formar y fortalecer su identidad denominacional.

_____
_____
_____

4. Dé 3 ideas prácticas que usted y su familia pueden hacer para formar y fortalecer su identidad como nazarenos.

_____
_____
_____

5. Piense y escriba 5 aspectos que lo identifican a usted como nazareno.

_____   _____
_____   _____
_____

Lección 2

NUESTRO ORIGEN

Objetivos

- Comprender que la Iglesia del Nazareno es una iglesia cristiana.
- Conocer la naturaleza y misión de la iglesia cristiana.
- Apreciar las metáforas bíblicas de la iglesia.

Ideas Principales

- La iglesia de Jesucristo incluye a todos los que confiesan a Jesucristo como Señor y Salvador.
- La Iglesia del Nazareno es parte de la Iglesia Cristiana Universal porque confiesa y proclama a Jesucristo.

Credos ecuménicos: El credo es una declaración de las creencias fundamentales de la iglesia cristiana. En los primeros siglos se realizaron concilios ecuménicos en Nicea (325) y en Constantinopla (381) donde se compusieron resúmenes de las enseñanzas de los apóstoles, uno de los cuales se le conoce como El Credo de los Apóstoles. Como data de los primeros siglos, este credo es común a la Iglesia Católica, la Iglesia Ortodoxa y la Iglesia Protestante. Una copia de este credo se incluye en la lección 5.

Introducción

El estar claros de nuestra identidad como nazarenos, permite establecer una relación de quiénes somos como iglesia y cual es nuestra misión. Para ello, es necesario reflexionar sobre la naturaleza u origen de la iglesia y la naturaleza de su misión en el mundo. Así que, entender qué es la iglesia, qué significa ser el pueblo de Dios, o la comunidad de los creyentes, es fundamental para la visión de un ministerio efectivo y fiel del evangelio de Cristo.

La Iglesia del Nazareno es parte de la Iglesia Universal de Cristo que confiesa a Jesucristo como su Salvador y Señor, que se fundamenta en las Escrituras como la Palabra de Dios y que afirma los grandes credos ecuménicos históricos de la fe cristiana. Aunque existen algunos aspectos que nos distinguen como denominación, los nazarenos nos identificamos como cristianos junto con las demás iglesias cristianas a lo largo de la historia pasada y presente.

¿Qué es una Iglesia Cristiana?

En esta sección comprenderemos que la Iglesia del Nazareno es cristiana

La iglesia cristiana o la iglesia de Jesucristo, fue instituida por Dios mismo, puesto que fue únicamente Jesucristo quien entregó su propia vida para salvarnos del pecado. Sin Cristo no existiría la Iglesia. Él es su fundador y su fundamento. La Iglesia le pertenece a Él y no a nosotros.

El Manual de la Iglesia del Nazareno es una guía que contiene en forma ordenada y sistemática, información sobre la historia, las creencias, la organización, el gobierno, los objetivos, las funciones, los procedimientos, la misión, los valores, las prácticas éticas, y posiciones oficiales de la denominación, constituyéndose en un instrumento de apoyo administrativo para los líderes y de efectividad para la tarea de la denominación.

La Iglesia es la "asamblea de los llamados" (ecclesia) por Dios a ser salvos, y los que respondieron a ese llamado llegaron a ser hijos adoptados por Dios. La Iglesia nació el día del Pentecostés cuando el Espíritu Santo fue derramado en los corazones de todos aquellos que creyeron en Jesús, le recibieron y le aceptaron como Salvador y Señor y decidieron seguirle. La Iglesia está formada por los hijos e hijas de Dios, personas llenas del Espíritu Santo, por eso la Iglesia, más que una organización es un organismo viviente. Cada cristiano es miembro, es decir, pertenece a esta Iglesia de Cristo o Iglesia Universal. Por ello, si queremos ser leales a Jesucristo debemos ser leales a la Iglesia.

Escuela de Liderazgo - El ADN de los Nazarenos

La Iglesia del Nazareno afirma en su Manual, que se considera una iglesia cristiana y lo expresa en varios de sus párrafos. En la Parte II, Constitución de la iglesia, dice así:

23. La iglesia de Dios se compone de todas las personas espiritualmente regeneradas, cuyos nombres están escritos en el cielo.

24. Las iglesias particulares han de componerse de tales personas regeneradas que, por autorización providencial y por la dirección del Espíritu Santo, se asocian para tener comunión y ministerios santos.

¿Quiénes componen la Iglesia del Nazareno?

25. La Iglesia del Nazareno se compone de aquellas personas que voluntariamente se han asociado de acuerdo con las doctrinas y gobierno de dicha iglesia, y que buscan la santa comunión cristiana, la conversión de los pecadores, la entera santificación de los creyentes, su edificación en la santidad y la simplicidad y poder espiritual manifestados en la iglesia primitiva del Nuevo Testamento, junto con la predicación del evangelio a toda criatura.

En el artículo de fe XI se resume lo que creemos sobre la iglesia:

Creemos en la iglesia, la comunidad que confiesa a Jesucristo como Señor, el pueblo del pacto de Dios renovado en Cristo, el Cuerpo de Cristo llamado a ser uno por el Espíritu Santo mediante la Palabra.

Dios llama a la iglesia a expresar su vida en la unidad y comunión del Espíritu; en adoración por medio de la predicación de la Palabra, en observancia de los sacramentos, y al ministrar en su nombre, y por la obediencia a Cristo y la responsabilidad mutua.

La misión de la iglesia en el mundo es continuar la obra redentora de Cristo con el poder del Espíritu, mediante una vida santa, la evangelización, la educación, el discipulado y el servicio.

La iglesia es una realidad histórica que se organiza en formas culturalmente adaptadas, existe tanto como congregaciones locales y como cuerpo universal; aparta a personas llamadas por Dios para ministerios específicos. Dios llama a la iglesia a vivir bajo su gobierno en anticipación de la consumación en la venida de nuestro Señor Jesucristo.

Uno de los valores esenciales de la Iglesia del Nazareno es que <u>somos una iglesia o pueblo cristiano, y por ello queremos decir que estamos unidos a todos los creyentes en la proclamación del señorío de Jesucristo,</u> que predicamos el amor y perdón de Dios, que reflejamos el carácter de Dios en la iglesia y en la comunidad, que creemos y aceptamos las Escrituras como única fuente de autoridad y que afirmamos los credos ecuménicos y creencias de la fe cristiana.

La Reforma: es el nombre que recibe el movimiento religioso ocurrido en Europa en el siglo XVI cuando varios sacerdotes, pensadores y líderes políticos denunciaron los abusos y desvíos en que incurría la Iglesia Católico Romana, con la intención de renovar espiritualmente a la misma. Pero el intento de reforma fue rechazado por lo cual ocurrió un cisma y así surgieron las Iglesias Protestantes amparadas por gobiernos de varios países como Alemania, Inglaterra, Francia, Holanda, Suiza, Escocia, Bélgica, entre otros.

Lección 2 - Nuestro Origen

Nuestra denominación también se considera cristiana porque somos herederos de los principios del movimiento protestante de la reforma y porque nuestras raíces históricas, pasando por la iglesia metodista (Juan Wesley), nos llevan hasta la iglesia cristiana del Nuevo Testamento.

Por otro lado, entendemos que ser cristiano es ser automáticamente miembro de la iglesia de Cristo. No se puede vivir un cristianismo fuera de la comunidad de creyentes porque es allí donde se crece, se anima uno al otro, se trabaja juntos y se expresa el amor de Dios en las relaciones interpersonales. Creemos que no se puede vivir la santidad aisladamente de los demás. No resulta, porque es precisamente en la convivencia de unos con otros donde se aprende y se forma el carácter santo de los creyentes.

La Iglesia es UNA
En la iglesia de Cristo nadie debe ser segregado o menospreciado por cuestiones de sexo, raza, cultura, posición social, educación u otro motivo (1 Corintios 12:13-25). Estas relaciones armoniosas en la iglesia no ocurren milagrosamente. Por ello, Pablo dice en Efesios 4:16, que el cuerpo debe ser bien "concertado". El significado de esta palabra griega sunarmologoumenon, es "ajustado" o "amarrado" y resulta de la unión de dos palabras: sun y harmologos, que significan "atadura" y "articulación". Esta figura ilustra las relaciones de ayuda mutua y solidaridad que debe existir entre los miembros de la iglesia. (Archibald Thomas Robertson)

Imágenes Bíblicas de la Iglesia

Ahora aprenderemos más sobre la iglesia por medio de metáforas bíblicas

El Cuerpo de Cristo

El apóstol Pablo utiliza la metáfora de la Iglesia como Cuerpo de Cristo para enseñar sobre la unidad de la iglesia y su propósito en este mundo. Pablo tiene predilección por la metáfora del cuerpo ya que es muy útil para enseñar algunas características que hacen única a la iglesia de Cristo entre las demás asociaciones humanas.

Pablo afirma; "Vosotros, pues, sois el cuerpo de Cristo, y miembros cada uno en particular" (1 Corintios 12:27). En otras palabras, lo que apóstol quiere resaltar no es que la iglesia se parece al Cuerpo de Cristo, sino que la iglesia es el Cuerpo de Cristo sobre la tierra. Richard Taylor comenta al respecto diciendo que la iglesia es "toda la comunidad de cristianos que constituye la extensión de la encarnación terrenal de nuestro Señor". Cuando la iglesia sirve al mundo como Cristo lo hizo, la gente puede ver a Cristo por medio del obrar de la iglesia.

Otros pasajes donde Pablo refuerza esta verdad son:

a) Cristo actúa por medio de la iglesia, su cuerpo (Efesios 1:22-23).

b) Cada miembro que se une a la iglesia es insertado a la carne y los huesos del Cuerpo de Cristo (Efesios 5:29-30).

c) Cada miembro tiene un lugar y una función en el Cuerpo de Cristo y esta función o ministerio debe ser una continuación de la obra de Cristo (1Corintios 12:12).

Constructores de la Iglesia
Los líderes deben ser buenos administradores de los recursos humanos de la iglesia. Esta figura del edificio en 1 Corintios 3:10-17, enseña que es responsabilidad de los líderes escoger los materiales idóneos para ensamblar las piezas del edificio, para que cada una de ellas cumpla con su función particular. Entrenar y ubicar a cada persona para trabajar en los ministerios para el cual ha sido llamada, es una de las funciones principales del liderazgo cristiano.

Esta iglesia de Cristo de la que habla el apóstol, es la Iglesia universal. Pedro Larson explica que el vínculo que une a esta iglesia es espiritual (Colosenses 1:18, 24), es el mismo Espíritu de Dios el que habita en cada uno de sus miembros (1 Corintios 1:13) y este Espíritu es uno, como Cristo es uno y no se puede dividir. La Iglesia es "una", pues solamente hay un cuerpo. Esta unidad expresa armonía, trabajo en equipo y colaborar juntos para alcanzar propósitos comunes. La Iglesia ha de estar sujeta a Cristo, quien es la cabeza de este cuerpo. El es su Salvador. La iglesia de Cristo tiene un cuerpo de creyentes en cada "iglesia local", pero también tiene un cuerpo en la iglesia universal, compuesta por todas las iglesias cristianas de todas las culturas.

Como Edificio

En el Nuevo Testamento se compara a las personas redimidas con un edificio. Algunas personas hoy en día emplean los términos "templo" e "iglesia" como si fueran sinónimos para referirse al edificio donde los creyentes se reúnen para dar culto a Dios. Pero la palabra "iglesia" en el Nuevo Testamento, explica Donald Kammerdiener, siempre se refiere al conjunto de hombres y mujeres que son discípulos de Cristo (2 Corintios 6:16) y nunca a un edificio donde los cristianos se reunían.

En Efesios 2:19-22, el apóstol Pablo relaciona a la Iglesia con un edificio cuyo fundamento son los apóstoles y los profetas, y cuya piedra angular, la cual sostiene toda la construcción, es Cristo. Este edificio es un templo santo y morada de Dios en el Espíritu. William Barclay, advierte de los peligros de basar la unidad de la iglesia, en la organización, la forma de culto, los rituales u otras cosas semejantes.

La iglesia es un edificio en continuo crecimiento. Las piedras que conforman la estructura de este edificio son los discípulos de Cristo (1 Pedro 2:5). La verdadera iglesia se esfuerza continuamente en añadir nuevos creyentes, que a su vez al estar bien cimentados en la estructura del edificio, pueden servir de apoyo a los otros que se irán añadiendo. En 1 Corintios 14:12 Pablo menciona que Dios concede dones espirituales a los miembros de la iglesia para que puedan edificarse mutuamente. Cada uno de los creyentes será juzgado y recompensado el día del juicio final en base a la excelencia con que ha servido conforme a los dones que le fueron otorgados (1 Corintios 4:2).

Como Familia de Dios

En Efesios 2:19, el apóstol Pablo asegura que todos los cristianos son miembros de la familia de Dios. Esto es lo mismo a lo que se refiere el apóstol Pedro al afirmar que los cristianos somos del mismo linaje (1 Pedro 2:9-10). Él está escribiendo para los creyentes y afirmando que todos ellos son "familia de Dios". Al igual que Dios escogió a Israel para ser su pueblo santo entre los demás pueblos, así también la Iglesia, ha sido escogida para ser su especial familia.

En esta familia Cristo es el hermano mayor (Romanos 8:29). Como hermano mayor es nuestro proveedor, nuestro líder y nuestro ejemplo a seguir. Cristo se preocupa por nuestro desarrollo y nos provee abrigo y amor.

Linaje
La palabra "linaje" significa unión a una familia por lazos de sangre. Todos los que han aceptado a Cristo como su Señor y Salvador pertenecen al linaje de la familia de Dios. Los hijos de Dios son los que han sido lavados con la sangre del Cordero, y han comenzado a vivir una nueva vida, bajo la voluntad de Dios. El apóstol Pedro afirma que los cristianos son "familia de Dios".

¿Quién es la Piedra?
Pedro coincide con Pablo, en que Cristo es la "piedra viva" o "principal piedra del ángulo" que sostiene todo el edificio de la Iglesia (1 Pedro 2:4-8). Pasajes como éste muestran que no es correcta la afirmación de la Iglesia Católico Romana de que la piedra donde la iglesia fue construida es Pedro, basada en una equivocada interpretación de Mateo 16:18 (véase también 1 Corintios 3:11).

Una familia en formación
Al igual que Dios escogió a Israel para ser su pueblo santo entre los demás pueblos, así también la Iglesia, ha sido escogida para ser su especial familia. Dios está formando una familia nueva universal, que acoge a todas las familias de la tierra. Las familias que se unen a la gran familia de Dios son de toda clase y tamaño.

Lección 2 - Nuestro Origen

Otras imágenes bíblicas de la Iglesia:
- *Como planta o plantación* (Lucas 13:18-19, Mateo 9: 37-38, Colosenses 1:20-23, I Corintios 3:1-23).
- *Como rebaño* (Salmo 23; Jeremías 13:17, Miqueas 2:12, San Juan 10:1-21).
- *Como nación santa* (Éxodo 19: 5-6, I Pedro 2:9-10, Apocalipsis 5: 11-14; Filipenses 2:10-11).
- *Como embajadores de Cristo* (2 Corintios 5:19-20; 1 Corintios 7:11)
- *Como novia o esposa* (Isaías 62:5, Oseas 2:19, Mateo 9:15, 25:1-13, Efesios 5: 25-32, Apocalipsis 19:7-8 y otros).

Pertenecer a la familia de Dios tiene privilegios. Pedro Larson explica que la palabra griega *oikeios*, "familia" transmite "la idea de intimidad, estrechez de relación, amor, calor, instrucción, protección, disciplina y herencia. Este calor de familia es para todos los que forman parte de ella. Ningún miembro debe sentirse aislado o marginado. ¡Todos son importantes!"

Pertenecer a la familia de Dios conlleva responsabilidades. En Gálatas 6:10 se exhorta a hacer el bien mayormente a los que son de la familia de la fe. Quienes no ayudan a sus hermanos en necesidad niegan con esta conducta indiferente el ser seguidores auténticos de Cristo (1 Timoteo 5:8). La práctica de la caridad entre los cristianos es una característica que no puede faltar en la familia de Dios.

La iglesia es una familia en formación. Orlando Costas, afirma que la familia de la iglesia surge como resultado del amor inagotable e incesante del Padre, quien la ha formado para ser "primicia de la nueva creación", creada para ser instrumento del Padre en la difusión de su amor. Ella no es un producto acabado sino una familia en formación, en la que sus miembros van aprendiendo a relacionarse responsablemente.

Los miembros de la familia de Dios tienen muchas más cosas en común que los unen, que aquellas que los separan. Los lazos que unen a los cristianos son verdades eternas que ningún poder humano o satánico pueden destruir. Frecuentemente, aquello que logra separarlos y enemistarlos es insignificante cuando se compara con esas verdades. En la familia de Dios, todos se esfuerzan para comprenderse unos a otros, amarse y apoyarse mutuamente, que es la forma como las familias permanecen unidas y son más fuertes. Los mismos pecados de egoísmo que destruyen a la familia humana, son los que dañan a la familia de la fe (Efesios 5:1- 6:9).

Características de la Iglesia Cristiana

En esta sección estudiaremos las cuatro características de una iglesia cristiana

El Dr. Orton Wiley enlista cuatro características principales de la iglesia cristiana y que nuestra denominación enseña y refleja alrededor del mundo:

1. La iglesia cristiana es una y diversa en el Espíritu y no busca uniformidad.

2. Es santa porque es separada del mundo para ser dedicada a Dios, lo que se expresa en una vida limpia, pura y de devoción total de sus miembros.

¿Cuáles son las cuatro características principales de la iglesia cristiana?

3. Es universal o católica porque habla de una fe cristiana universal e incluye a todos los cristianos en todo el mundo, a los que viven ahora y a los cristianos muertos de todas las épocas, a todas las iglesias cristianas en el mundo, a los cristianos en la tierra que luchan contra el mal y a los cristianos que murieron y que están en la presencia de Dios.

4. Es apostólica y confesional al estar edificada sobre el fundamento de los apóstoles y los profetas (Efesios 2:20) registrados en las Sagradas Escrituras y porque confiesa a Jesucristo como su Señor y Salvador (Romanos 10:10).

La Obra Ministerial de la Iglesia Cristiana

Estudiaremos en esta sección cuál es el ministerio de la iglesia

Siendo que el Espíritu Santo otorga diferentes dones a todos los cristianos para llevar a cabo la misión de la iglesia -tanto dentro del Cuerpo de Cristo para edificarla, como afuera de éste para alcanzar a los perdidos- existe una variedad de áreas de servicio.

La iglesia reconoce los llamados especiales que Dios hace a ciertas personas (hombres y mujeres sin distinción de edad, nacionalidad, cultura, sexo o raza) para dedicar todo su tiempo, ya sea a cuidar de la iglesia y enseñar (pastores), a salir de sus culturas a otras culturas (misioneros) y a proclamar el evangelio en todo lugar (evangelistas), entre otros. Otro aspecto en el ministerio de la iglesia cristiana, es el hecho de disfrutar juntos de la adoración a nuestro Dios y de los medios de gracia. Así también, la Iglesia del Nazareno pone especial interés y anima a todos aquellos que desean servir a Dios y a la iglesia con sus dones, respondiendo al llamado de Dios en sus vidas.

Finalmente, la iglesia cristiana existe para continuar con la misión de Jesucristo en esta tierra. Nadie puede destruirla porque su fundador está vivo y Él la sustenta. La Iglesia seguirá siendo el brazo extendido de Dios en este mundo en la medida que los cristianos estén comprometidos con Jesucristo, llenos de devoción y dispuestos a participar con su servicio.

¿Qué Aprendimos?

Que la Iglesia del Nazareno es una iglesia cristiana.

Que la iglesia cristiana es una sola, santa, universal, apostólica y confesional.

Que la Iglesia del Nazareno continúa con la misión de Cristo en esta tierra.

Que no se puede vivir un cristianismo fuera de la comunidad de creyentes porque es allí donde se crece, se anima uno al otro, se trabaja juntos y se expresa el amor de Dios en las relaciones interpersonales.

Lección 2 - Nuestro Origen

Actividades

INSTRUCCIONES:

1. Escriba una definición de iglesia en sus propias palabras.

2. ¿Cómo puede ser su iglesia local Cuerpo de Cristo? Mencione ejemplos.

3. A algunos cristianos les cuesta mucho afirmarse en una iglesia local y frecuentemente se cambian de iglesia. Mencione algunas razones que dan estas personas para cambiar de iglesia.

4. En grupos de 3 personas evalúen la validez de dichas razones. Es decir ¿Cuáles son válidas y cuáles no, y por qué?

5. En los mismos grupos, hagan una lista de los beneficios o ventajas de permanecer en una iglesia para nuestra vida, nuestra familia y crecimiento espiritual.

6. ¿Cómo podemos ayudar a las personas para que tomen la decisión de quedarse, participar y comprometerse con el ministerio de nuestra iglesia local?

Lección 3

NUESTRO FUNDADOR

Objetivos

- Conocer la historia del fundador de la Iglesia del Nazareno.

- Aprender de sus experiencias, desafíos y convicciones.

Ideas Principales

- Phineas F. Bresee tenía una vida consagrada y dedicada al ministerio.
- Bresee era una persona con visión y apasionado por enseñar a otros a vivir en santidad.

Introducción

Como nazarenos, es importante conocer la vida de Phineas F. Bresee a fin de apreciar y entender mejor la vida y el liderazgo de nuestro fundador. Al hacerlo, nos identificamos con sus luchas, sus inquietudes, sus preocupaciones, sus logros, sus convicciones, sus alegrías, sus pensamientos, su visión y sentido de misión. Conocer nuestras raíces nos ayuda a seguir contribuyendo en la formación de la Iglesia del Nazareno del presente y del futuro.

Infancia, familia y educación

En la sección siguiente conoceremos la infancia y juventud del Dr. Bresee

Visión: *es una imagen mental de lo que se quiere en el futuro.*

Phineas Franklin Bresee, nació el 31 de diciembre de 1838 en el pueblo de Franklin, en el estado de Nueva York, al este de Estados Unidos donde estudió su primaria y secundaria. Phineas era el segundo de tres hijos en la familia.

Sus padres fueron Phineas Phillip Bresee, finquero y comerciante, y Susana Brown de Bresee. Sus antepasados habían huido de Francia hacia Estados Unidos para escapar de la persecución religiosa. Su familia se congregó primero con la Iglesia Reformada Holandesa, y después de conocer las enseñanzas del metodismo, se quedaron en esta iglesia.

Después de un tiempo, la familia se mudó al estado de Iowa (centro de los Estados Unidos). Años más tarde cuando Phineas se casó, llevó a vivir a sus padres con su familia formada por siete hijos (cuatro varones y tres mujeres).

Personalidad y carácter

A continuación conoceremos la forma de ser del Rev. Bresee

Phineas F. Bresee aceptó al Señor Jesús como su Salvador personal a los 16 años (febrero de 1854) en un altar metodista y al año siguiente fue llamado al ministerio.

Bresee era un joven que tomó los desafíos, enfrentó la oposición y trabajó duro para vencer los obstáculos, porque creyó sinceramente que Dios estaba con él para ayudarle a prosperar su obra.

Bresee era sensible a las necesidades de otros, se opuso a la marginación social y participó en campañas en contra del alcohol. Visitaba a los necesitados y enfermos y les llevaba dinero y alimentos. Tuvo pasión por la evangelización de los pobres y la extensión del ministerio de la santidad bíblica para todos.

Pero sobretodo, Bresee era un joven con visión. Cada iglesia que pastoreó fue un centro de avivamiento donde se predicó claramente el mensaje del evangelio y la doctrina de santidad, el mismo que fue fuertemente apoyado con sus hechos.

Avivamiento: Tiempos de despertamiento espiritual que el Espíritu Santo trae a la iglesia. Se caracteriza por un deseo profundo en los creyentes de vivir vidas santas, y de dedicarse al evangelismo, la enseñanza y los ministerios de servicio, resultando en muchas personas arrepentidas y entregando sus vidas al Señor.

Ministerio en Iowa

Ahora conoceremos sus primeros pasos en el ministerio

La Iglesia Metodista asignó a Phineas Bresee como pastor asistente del Reverendo A.C. Barnhart por un año. Un año después en 1858, Bresee fue asignado a la jurisdicción de Pella, Iowa y se le dio un grupo de iglesias para pastorear en toda esa área.

En 1859, se otorgó a Bresee licencia como pastor a tiempo completo. En 1860, a los 22 años fue ordenado como presbítero y regresó a Nueva York para casarse con su novia Mary Hebbard. Ella era hija de Horacio Hebbard, un líder metodista de mucho tiempo, cuya familia vivía cerca de la casa donde creció Bresee.

Doctrina: Se aplica al conjunto de creencias del cristianismo (Hechos 2:42).

Durante aquellos años, estaba vigente la esclavitud de los negros y como Bresee no estaba de acuerdo con eso, pidió traslado de Pella a otra jurisdicción. Entonces, se le asignó a Galesburg, Iowa, que por cierto era un área bastante difícil. Aunque Bresee se sentía frustrado y amargado con el lugar, lo tomó como un desafío para su ministerio y pidió la guía y ayuda de Dios.

Después de un año, Bresee recibió 140 miembros nuevos. Con los ingresos económicos que percibían, la iglesia compró una cómoda casa pastoral, dos caballos y un carruaje para su pastor. Su ministerio estaba dando mucho fruto. Sus líderes viendo esto, lo asignaron como pastor de la iglesia de la Universidad Metodista "Mateo Simpson" en la capital de Iowa llamada Des Moines, y se le desafió al encargarle que diseñara y ejecutara un plan para salvar la universidad de una ruina financiera, lo cual hizo después de mucho trabajo y sacrificios.

Doctrina de santidad: Es el estudio de las enseñanzas bíblicas con respecto a la pureza del corazón obrada por el Espíritu Santo, que resulta en una vida consagrada de amor a Dios y al prójimo de todo corazón (1 Tesalonicenses 4:3-7).

De allí en adelante, Bresee continuó desarrollándose como líder: adquirió mucha experiencia en la administración; se involucró directamente en los problemas sociales de su comunidad; participó en el movimiento de

Lección 3 - Nuestro Fundador

santidad; demostró cualidades extraordinarias, dones y talentos que utilizó para predicar, enseñar y promover la doctrina de la santidad.

A los 28 años, Bresee experimentó en su vida espiritual la experiencia de la entera santificación, después de un tiempo de búsqueda de respuestas a sus preguntas y dudas sobre la fe cristiana y cómo debía vivirla. Este evento tuvo lugar en una de las reuniones de oración de su iglesia local donde él era el pastor en Chariton, Iowa. Carl Bangs escribe: "En una noche de invierno muy nevada, después de predicar un fuerte mensaje evangelístico que pareció no persuadir a nadie más, Bresee fue el único que se arrodilló ante el altar. Allí en frente de su congregación, Bresee oró y recibió la bendición, que más tarde él llamó su "bautismo con el Espíritu Santo", aunque admitió mucho después que no se había dado cuenta completamente qué es lo que había recibido, pero de lo que si estaba seguro fue de que la experiencia que estaba buscando que satisficiera su necesidad, la había obtenido esa noche".

Entera Santificación: Gracia recibida de Dios cuando el creyente recibe por fe la llenura del Espíritu Santo, quien le capacita para vivir una vida de pureza. La voluntad de Dios es que todos sus hijos sean enteramente santificados o "santos". El Espíritu Santo llena al cristiano cuando éste comprende que necesita entregar el control de toda su vida al señorío de Cristo, y renuncia a vivir centrado en su propia voluntad. Debe distinguirse de la santificación inicial que ocurre cuando la persona acepta a Cristo como su salvador personal (2 Tesalonicenses 2:13). Es la doctrina distintiva de las iglesias arminiano-wesleyanas.

Ministerio en California

En la siguiente sección estudiaremos su ministerio en California

En 1883, Bresee se mudó con su gran familia al sur de California. El primer domingo después de haber llegado, el pastor E.S. Chase pidió a Bresee predicar en su iglesia, que era la Primera Iglesia Metodista Episcopal de Fort Street. Esta era la iglesia central, considerada la más grande, fuerte, antigua y madre de todas las demás congregaciones metodistas de California.

Phineas Bresee tenía 45 años cuando fue presentado a un nuevo grupo de clérigos metodistas de California, en la reunión anual de la Conferencia que se celebró a la semana siguiente después de su llegada. Se le delegaron varias responsabilidades, además de ser asignado como pastor de la Primera Iglesia Metodista, lo cual le sorprendió.

La población de la ciudad de Los Ángeles estaba creciendo rápidamente, causando muchos desafíos en la urbanización (pobreza, alcoholismo, adicción, desesperanza). Estaban llegando inmigrantes de Japón y China como mano de obra barata, añadiéndose a la población de latinos y de estadounidenses. Estos cambios en la ciudad y la creciente diversidad étnica de la población, fueron considerados por Bresee como oportunidades para la iglesia.

Después de cumplir tres años de pastorado en la Primera Iglesia de Fort Street, se le asignó a Bresee pastorear la Primera Iglesia Metodista Episcopal de Pasadena, donde estuvo por cuatro años. Comenzó con una campaña evangelística y con reuniones en la calle con obreros de construcción. La gente se convertía y la iglesia crecía. En Junio de 1884, la Universidad Centenaria Simpson de Iowa otorgó a Phineas Bresee el título honorario de doctor en divinidades.

El tema de la santidad era central en el ministerio de Bresee

El tema de la santidad era central en el ministerio de Bresee en la Primera Iglesia Metodista de Fort Street, pero fue enfatizándose más cada vez en su ministerio en Pasadena. Su meta era "hacer un fuego que alcanzara el cielo" y hacer del lugar un centro para el evangelismo y la enseñanza de la santidad en el metodismo de California. A partir de 1890, Bresee hizo de la doctrina de la santidad el objetivo supremo de toda su predicación, por lo que lideró campañas de avivamiento de santidad, organizó reuniones y otras actividades para promover la doctrina, no sólo en California pero fue hasta Springfield, Illinois.

Sin embargo, Bresee comenzó a enfrentar oposición por promover la enseñanza y la predicación de la santidad, y por oponerse a la venta de licor. Esto hizo que Bresee decidiera no regresar a pastorear la iglesia de Pasadena. Entonces él aceptó la invitación de la Iglesia Metodista Episcopal Asbury para ser su pastor. Allí sirvió por un año (1890-1891). Inmediatamente, Bresee organizó cultos de avivamiento de santidad con conocidos evangelistas de santidad de ese tiempo. Muchos se convirtieron y muchos otros fueron santificados bajo la predicación de estos siervos de Dios.

Bresee continuó identificándose más con el movimiento de santidad y asistió a reuniones campestres en diferentes partes del país. En las reuniones de las conferencias distritales, se le asignó ser el presbítero que presidiría las reuniones del distrito de Los Ángeles que contaba con 38 iglesias. Fue elegido como ministro delegado para la Conferencia General, y miembro de diferentes comités. Esto significaba que no podría continuar como pastor de la iglesia de Asbury.

En 1892, Bresee fue nombrado como pastor del Tabernáculo Metodista Episcopal Simpson en Los Ángeles. Esta iglesia poseía un enorme y bello edificio, pero tenía deudas. La mala situación financiera de la iglesia era reflejo de la situación económica por la que atravesaba el país al caer en una profunda crisis económica. Después de muchos esfuerzos por salvar la iglesia, Bresee recomendó cerrarla. Finalmente, el edificio fue vendido para pagar la deuda.

En 1893, Bresee fue asignado para ser pastor de la Iglesia Metodista Episcopal de Boyle Heights en el lado este de Los Ángeles. Allí inició una serie de campañas y actividades evangelísticas y de santidad para traer personas a Cristo y para que más cristianos fueran santificados.

Los inicios de la Iglesia del Nazareno

En esta sección conoceremos los eventos que dieron origen a nuestra denominación

En los primeros meses de 1894, Theodore P. Ferguson (un evangelista itinerante) y su esposa Manie Payne de la Misión Newton (misión independiente de santidad, ex metodista) de San Francisco, solicitaron la ayuda de Phineas Bresee para planificar y abrir una misión de rescate de tipo interdenominacional. Ellos consiguieron dinero para comprar una propiedad en el centro de la ciudad de Los Ángeles e iniciar el programa. Al principio, Bresee no estaba interesado pero después accedió ayudarles para llevar a cabo ese proyecto.

Legado
Somos herederos de un extraordinario legado de la vida de Phineas F. Bresee, de la de los primeros nazarenos fundadores y de la historia de nuestra denominación. Este legado está descrito en numerosos libros que describen las vidas de estos pioneros, sus ministerios, sus desafíos y luchas, sus posiciones sobre diferentes asuntos teológicos y sus pensamientos y filosofías sobre el ministerio. Este legado incluye también sus escritos y sermones que son de inspiración y nutren la identidad de los nazarenos de hoy.

Laico: Todo creyente miembro de una iglesia local, excluyendo a ministros (licenciados u ordenados).

La Misión Peniel era un lugar de reunión para los laicos del movimiento de santidad de todos los lugares de Estados Unidos y de los pobres de la ciudad. Los que supervisaban la obra eran los Ferguson, Bresee, y George B. Studd. Bresee acordó ser el pastor, predicar los domingos en la mañana, y editar el boletín El Heraldo de Peniel. J. P. Widney, amigo de Bresee, acordó predicar los domingos en la noche y ayudar con consultas médicas para los pobres.

En la reunión anual de la Conferencia Metodista, Bresee solicitó a su líder del distrito, pedir permiso al obispo para que le otorgara una asignación regular de pastor de la Misión Peniel. Esta misión no era un ministerio de la iglesia metodista por lo que la petición de Bresee fue negada. Al no conseguir eso, Bresee solicitó un estatus de "licencia" pero que no aplicaba al tipo de situación que él quería de acuerdo a la política de la iglesia metodista. Al encontrarse entre que no podía atender su iglesia ni atender la obra que había accedido ayudar sin ir en contra de la denominación, se puso a orar para tomar una decisión.

Bresee había sentido carga por trabajar con los pobres y estaba convencido de que Dios le había llamado a esa obra, así que solicitó y recibió de la Iglesia Metodista un estatus especial de presbítero o predicador local. Esto le permitió estar libre de su responsabilidad de pastorear una iglesia para dedicarse a trabajar en la misión junto a Widney y los fundadores de la misión, Theodore P. y esposa Manie Ferguson. En Mayo de 1895 comenzaron los conflictos entre los organizadores de la Misión Peniel y Bresee, debido a su manera diferente de ver las cosas y su énfasis doctrinal sobre la santidad diferente entre ellos. Así que, aprovechando que Bresee estaba predicando en reuniones campestres de la asociación de santidad fuera de la ciudad y Widney se había ido a estudiar por un año a la costa este, los organizadores les notificaron a ambos que estaban terminando su relación con la misión.

Entonces, los laicos metodistas que habían seguido a Bresee a la Misión Peniel, tomaron la iniciativa de alquilar un local pequeño y pidieron a Bresee y a Widney ser los líderes de esa nueva obra. Bresee con 58 años fue el pastor de ese grupo que se comenzó a reunir en un gran salón llamado "Red Men´s Hall" el 06 de octubre de 1895. Tanto Bresee y Widney, estaban dispuestos a organizar una nueva iglesia donde el rico y el pobre eran bienvenidos, y donde se permitiera a personas que no pertenecían a una iglesia, ser parte de una misión que fuera considerada como un hogar espiritual.

A Bresee, se le unieron sus amigos con sus familias, líderes metodistas y otros. El grupo creció de ochenta a más de cien personas. Se anunció que el domingo 20 de octubre la iglesia se organizaría formalmente con el nombre de Iglesia del Nazareno. Widney escogió el apelativo de "el nazareno", nombre que simbolizaba la labor que Jesús hizo entre los pobres. Los contemporáneos de Cristo lo usaban en sentido despectivo, ya que Nazaret era una ciudad de baja reputación. Widney predicó su mensaje basado en el evangelio de Mateo 4:19 donde Jesús invita a Pedro a seguirle y vivir una vida de servicio. Explicó además, que esta nueva iglesia estaba orientada a alcanzar a los pobres para Cristo.

Experiencia Ministerial de Bresee
Evangelista, predicador, pastor, superintendente de distrito, editor, director, delegado, misionero doméstico, presidente de universidad, hombre de negocios, director de construcciones, organizador, administrador, y superintendente general.
Todas estas experiencias y responsabilidades ayudaron a Bresee en el desarrollo de su carácter espiritual, de sus dones, talentos y habilidades, y sobretodo, de su liderazgo y ministerio; que más tarde lo llevarían a liderar una denominación.

La organización comenzó con la inscripción de miembros, y al final del servicio se les pidió a las personas prometer a Dios y a cada uno, su fidelidad en el establecimiento y desarrollo de la iglesia, sabiendo que su propósito era predicar la santidad y llevar el mensaje de salvación a los pobres.

El miércoles 30 de octubre, los líderes de la nueva iglesia se reunieron para completar la organización, es decir, definir la Iglesia del Nazareno, adoptar artículos de fe (7) que los unieran con sus raíces metodistas y anglicanas, establecer políticas, elegir oficiales, e incorporarla bajo las leyes del estado de California. Asimismo, definir una estructura organizacional, que era similar a la de las iglesias metodistas con algunas variaciones (cuerpos pastorales, mayordomos, junta local, superintendente de escuela dominical, asambleas distritales, diáconos, presbíteros, superintendentes generales, pastores presidentes oficiales de la junta local, regulaciones para la membresía, etc.). Lo distinto del metodismo de aquel entonces, es que la nueva denominación dio iguales derechos a hombres y mujeres de servir en cualquier posición de la iglesia incluyendo el presbiterio.

Bresee y Widney fueron nombrados pastores de la primera congregación y los superintendentes generales de la denominación para supervisar y dirigir la obra. La joven iglesia, entusiasta y creciente, siguió añadiendo miembros cada vez, de manera que llegaba a las 300 personas y ocho años más tarde alcanzó las 1,500 personas. Además, produjo un buen número de iglesias hijas en diferentes lugares de California y fuera de este estado también.

Bresee siguió como pastor a tiempo completo, pero también fue editor de un boletín de la iglesia y presidente de una universidad. Al celebrar la primera asamblea general en Chicago, Illinois, la Iglesia del Nazareno contaba en ese entonces con cincuenta congregaciones. En este punto, comenzaron a cristalizarse las uniones con los grupos de santidad que existían en el este y en el sur del país con la denominación nazarena.

Bresee sirvió como superintendente general de la Iglesia del Nazareno hasta su muerte el 13 de noviembre de 1915, a sus 77 años. En ese año, se celebraba la cuarta asamblea general en Kansas City y los líderes aprovecharon esa ocasión para rendir homenaje en vida a su líder fundador en una ceremonia especial donde estuvieron presentes los otros fundadores además de los delegados.

Influencias claves en la vida de Bresee
- Los predicadores itinerantes de Nueva York.
- Las sociedades metodistas en West Davenport donde creció en el discipulado. El obispo Mateo Simpson fue uno de sus héroes en el ministerio.
- Los laicos de la Primera Iglesia Metodista de Fort Street, Los Ángeles, que profesaban la santidad. Leslie F. Gay en cuyo hogar se celebraban los cultos de santidad.
- Los grandes evangelistas de santidad de su tiempo: R.W. Farmsworth, William Mc Donald, George D. Watson, T.E. Robinson, A.J. Bell y J.A. Wood.

¿Qué Aprendimos?

Phineas F. Bresee fue una persona sencilla, apasionada, sensible, perseverante, comprometida y con visión.

Bresee fue un líder espiritual y carismático con profundas convicciones.

Bresee recibió valiosas influencias en su vida para su crecimiento espiritual, su ministerio y liderazgo.

Actividades

INSTRUCCIONES:

1. ¿Qué es lo que más le impactó de la vida de Phineas F. Bresee?
___
___
___

2. Haga una lámina con información sobre la vida de Phineas F. Bresse buscando en la Internet y/o revistas de la denominación para exhibirla en su iglesia local.

3. ¿Cuál es su opinión sobre la lucha de Bresee contra la pobreza, el alcoholismo, y la esclavitud? ¿Qué serían los asuntos que la iglesia debería enfrentar hoy en su comunidad?
___
___
___
___

4. ¿Cuál es su reflexión sobre la pasión de Bresee por predicar y enseñar la doctrina de santidad?
___
___
___

5. ¿Cree usted que la iglesia contemporánea necesita liderazgo con la misma pasión que tuvo Bresee? ¿Por qué?
___
___
___
___

6. Analizando las influencias en la vida de Bresse ¿Cómo se pueden formar en nuestro tiempo líderes que sean apasionados por enseñar a otros a vivir en santidad?
___
___
___
___

Lección 4

NUESTRA HISTORIA

Objetivos

- Trazar los orígenes de la denominación.
- Destacar aspectos sobresalientes de la historia.
- Valorar las características y contribuciones de sus fundadores.

Ideas Principales

- La Iglesia del Nazareno se fortaleció al reunir a muchas de las iglesias de santidad del este y del sur de Estados Unidos.
- El rápido crecimiento se debió a que sus miembros vivieron y enseñaron la doctrina de la santidad, influenciando de manera radical su comunidad y su nación.

Introducción

La historia de la Iglesia del Nazareno es uno de los componentes de nuestra identidad que une a todos los nazarenos alrededor del mundo, porque es una historia emocionante de la obra de Dios en la vida de una nación, en los corazones de los líderes y los primeros nazarenos de la denominación.

El linaje nazareno corre a través de la reforma inglesa, y la propagación internacional del metodismo y del movimiento de santidad wesleyano en los Estados Unidos de América. La Iglesia del Nazareno emergió como una unión de varias denominaciones de santidad wesleyana en Estados Unidos primordialmente. Luego, otros grupos más de santidad provenientes de varios países del mundo se unieron a la denominación a través de los años.

Denominación: Es un conjunto de iglesias locales en numerosos lugares que comparten similares creencias, raíces históricas, propósitos y valores.

¿Cuáles son los fundamentos históricos de la Iglesia del Nazareno?

En esta sección estudiaremos las raíces de nuestra Iglesia

En la sección de la *Declaración Histórica* del Manual de la Iglesia del Nazareno se afirma que la iglesia se ve a sí misma como una parte integral de la iglesia universal.

La historia de la Iglesia del Nazareno comienza con la historia del pueblo de Dios registrada en el Antiguo y Nuevo Testamento y continúa a través de los siglos en la historia de los creyentes cristianos en cualquier lugar del mundo.

La Iglesia del Nazareno acepta los grandes credos ecuménicos de los primeros cinco siglos de la historia cristiana como expresiones de fe y como algo fundamental de su identidad.

La Iglesia del Nazareno cree que tiene una misión especial que Dios le ha dado.

La Iglesia del Nazareno es una iglesia protestante en el sentido de que acepta los principios de la Reforma del siglo XVI.

La Iglesia del Nazareno tiene su herencia en el avivamiento wesleyano del siglo XVII en Inglaterra liderado por Juan y Carlos Wesley cuyo énfasis central era la doctrina de la perfección cristiana.

La Iglesia del Nazareno es una iglesia de santidad porque creció y salió del movimiento de santidad del siglo XIX en los Estados Unidos por medio de la unión de varios grupos independientes de santidad.

¿Cuáles fueron los orígenes de la Iglesia del Nazareno?

A continuación estudiaremos como comenzó la denominación

El fundador de la iglesia fue el Rev. Phineas F. Bresee, un ministro metodista que sirvió como pastor, evangelista y superintendente de distrito de la Iglesia Metodista Episcopal por 37 años. Un líder admirable, de profundas convicciones que fueron evidentes en su labor ministerial, que creía y promovía la doctrina bíblica de la entera santificación. Sin embargo, recibió oposición a la proclamación del mensaje de santidad y al ministerio que desempeñaba aún de sus propios colegas.

Bresee junto con el Dr. Joseph P. Widney, médico, y laico metodista, al notar que la iglesia crecía rápidamente con la ayuda de buenos líderes y amigos -después de haber sido por algunos años una misión de rescate para los pobres, los inmigrantes, los obreros de fábricas y de construcción del centro de la ciudad en Peniel, Los Ángeles, California, EUA-, decidieron organizarla. Así pues, la Iglesia del Nazareno se organizó en Octubre de 1895 con más de 100 personas. Adoptaron una declaración de fe y estuvieron de acuerdo en unas simples reglas generales que sirvieran de guía para la práctica de la vida cristiana.

"y fue a vivir en un pueblo llamado Nazaret. Con esto se cumplió lo dicho por los profetas: 'Lo llamarán nazareno' " (NVI).
- Mateo 2:23

En los siguientes años, la congregación local no solo creció aún más, sino que también se extendió geográficamente. La iglesia abrió obra en lugares vecinos e incluso en otros estados cercanos. Muy pronto estaban no solo en California y sus alrededores, sino que fueron llegando hasta Illinois. La obra de santidad se fue propagando en lugares estratégicos en el país convirtiéndose en centros de avivamiento para la nación.

A través de los años, la iglesia floreció y surgieron muchos predicadores y evangelistas de santidad que junto con Bresee viajaron por todo el país enseñando, predicando y promoviendo la doctrina de la santidad. El lema de la iglesia era "Santidad a Jehová".

"Porque hemos hallado que este hombre es una plaga, y promotor de sediciones entre todos los judíos por todo el mundo, y cabecilla de la secta de los nazarenos" (RV 1960).
- Hechos 24:5

¿Por qué se llamó Iglesia del Nazareno?

En esta sección aprenderemos sobre el nombre de la denominación

Fue el Dr. Widney quien sugirió el nombre de Iglesia del Nazareno para la nueva denominación porque quisieron identificarse con el ministerio de Jesús y así simbolizar el trabajo que ellos habían estado haciendo con los pobres.

Lección 4 - Nuestra Historia

El Dr. Widney se basó en el pasaje de Mateo 2:23 donde se dice que Jesús fue a vivir a Nazaret, para que se cumpliera los que los profetas habían hablado de que él sería llamado "el nazareno". Ya en el libro de los Hechos 24:5 se menciona que los seguidores de Jesús fueron llamados nazarenos o eran parte de la secta de los nazarenos.

¿Qué distinguió a la Iglesia del Nazareno en sus inicios?

A continuación estudiaremos 10 características de los primeros nazarenos

La Iglesia del Nazareno se distinguió a si misma y de otros grupos de santidad por lo siguiente:

1. Las mujeres y los hombres trabajaron juntos en el ministerio de la iglesia, servían en todas las áreas y posiciones ministeriales sin discriminación alguna.

2. Había compromiso y sensibilidad a las necesidades del pobre y del quebrantado.

3. Los miembros tenían la visión de un ministerio amplio, variado e internacional. No se limitaron a una sola área de ministerio, ni su labor se circunscribió a la iglesia local, comunidad urbana o país solamente.

4. Enfatizó la educación como parte importante y clave en una iglesia wesleyana y de santidad. Promovió la enseñanza con valores cristianos de los niños, jóvenes y adultos y la capacitación y preparación de estos mismos en carreras profesionales y teológicas.

5. Su corazón y razón de ser era la doctrina de la entera santificación. Esta era su motivación en su misión.

6. Había una continua conversión de pecadores y santificación de creyentes. La obra de salvación era completa.

7. Era una iglesia conformada por personas de oración que continuamente intercedían unos por otros.

8. Era una iglesia que mostraba gozo en su adoración y alabanza al Señor.

9. Tenían convicción y seguridad de su experiencia de santidad.

10. Enseñaban y predicaban la santidad continuamente y de muchas maneras creativas.

Estas características atraían a muchas personas cada vez más, incluso a miembros de otras denominaciones. La iglesia crecía rápidamente y

¿Cómo enseñaban y predicaban la santidad los primeros nazarenos?

Superintendente General
La Iglesia del Nazareno tiene un superintendente general por cada una de las regiones del mundo en que se divide geográficamente con fines administrativos. Estos son electos en la asamblea general que se realiza cada cuatro años con delegados de todos los distritos. Los superintendentes generales tienen la responsabilidad de velar por la unidad de la iglesia y la permanencia de la misma en la doctrina bíblica. Ellos atienden los asuntos administrativos de su jurisdicción, dirigen asambleas distritales y otorgan órdenes ministeriales a los presbíteros y diáconos.

esto debido a varios factores que se citan a continuación: Contribuyó a la renovación espiritual del cristianismo, enfatizó la enseñanza y la experiencia de la doctrina bíblica de la santificación, los miembros dieron evidencia de esa vida santa y ellos influenciaron de manera radical su comunidad y a la nación misma. Su fama se extendió tanto que la Iglesia del Nazareno fue incluida en la lista de lugares turísticos para visitar en Los Ángeles. Esos factores en aquel entonces, siguen siendo un desafío para la iglesia el día de hoy.

¿Cómo ocurrió la unión de los grupos de santidad con la Iglesia del Nazareno?

En esta sección estudiaremos la fusión que dio origen a la denominación

En varios lugares de los Estados Unidos se estaban desarrollando iglesias independientes de santidad, misiones urbanas, misiones de rescate, asociaciones misioneras, y asociaciones evangelísticas. Era común que las iglesias se unieran para fortalecerse mutuamente. Numerosas iglesias independientes se unían y formaban asociaciones llevando el mismo nombre. Así pues, en el lado este del país, estaba la Asociación Central Evangélica de Santidad, la Asociación de Iglesias Pentecostales de Norteamérica y tres iglesias independientes de santidad. En el lado sur del país, se encontraban la Iglesia Cristiana de Santidad y la Asociación Metodista de Laicos. En el lado oeste del país se encontraba la Iglesia del Nazareno y la Primera Misión Pentecostal.

Después de una serie de visitas, conversaciones, reuniones y correspondencia para revisar creencias, formas de gobierno, tratar los temas de liderazgo y ministerios, misión y visión, bienes y propiedades, y otros, estos grupos decidieron fusionarse como un gran cuerpo de santidad.

En la semana del 10 al 18 de Octubre de 1907, la Asociación de Iglesias Pentecostales de Norteamérica se unió con la Iglesia del Nazareno, eligieron a dos superintendentes generales (Bresee y Reynolds), uno de cada grupo y compartieron un nombre: Iglesia del Nazareno Pentecostal.

Al año siguiente, en Setiembre, una iglesia de santidad se une a la nueva denominación, y al mes siguiente el 08 de Octubre de 1908, los grupos del este, oeste y ahora el grupo del sur se fusionan en Pilot Point, Texas. Posteriormente, en la Asamblea General de 1923 se escoge el año de 1908 como la fecha oficial para celebrar el aniversario de la iglesia unida.

En 1915 otros grupos más de santidad de los Estados Unidos y de Escocia se unen a la denominación.

La Asamblea General de 1919, en respuesta a la solicitud de las asambleas de treinta y cinco distritos, quitó la palabra "Pentecostal" del nombre de la denominación y se volvió a retomar el nombre original de Iglesia del Nazareno, porque estaba trayendo confusión a las personas

Superintendentes Generales de la Iglesia del Nazareno
- Phineas F. Bresee (1895-1915)
- Hiram F. Reynolds (1907-1932)
- E.P. Ellyson (1908-1911)
- E.F. Walker (1911-1918)
- W.C. Wilson (1915)
- J.W. Goodwin (1916-1940)
- R.T. Williams (1916-1946)
- J.B. Chapman (1928-1947)
- J.G. Morrison (1936-1939)
- H.V. Miller (1940-1948)
- Orval J. Nease (1940-1944) (1948-1950)
- Hardy C. Powers (1944-1968)
- G.B. Williamson (1946-1968)
- Samuel Young (1948-1972)
- D.I. Vanderpool (1949-1964)
- Hugh C. Benner (1952-1968)
- V.H. Lewis (1960-1985)
- George Coulter (1964-1980)
- Edward G. Lawlor (1968-1976)
- Eugene L. Stowe (1968-1993)
- Orville W. Jenkins (1968-1985)
- Charles H. Strickland (1972-1988)
- William M. Greathouse (1976-1989)
- Jerald D. Johnson (1980-1997)
- John A. Knight (1985-2001)
- Raymond W. Hurn (1985-1993)
- William J. Prince (1989-2001)
- Donald D. Owens (1989-1997)
- James H. Diehl (1993-2009)
- Paul G. Cunningham (1993-2009)
- Jerry D. Porter (1997)
- Jim L. Bond (1997-2005)
- W. Talmadge Johnson (2001-2005)
- Jesse C. Middendorf (2001)
- Nina G. Gunter (2005-2009)
- J.K. Warrick (2005)
- Eugenio Duarte (2009)
- David W. Graves (2009)
- Stanley A. Toler (2009)

Líderes destacados:

- George Sharpe, pionero del movimiento de iglesias de santidad en Gran Bretaña, especialmente en Escocia y que posteriormente se unió a la denominación, contribuyó con su ministerio fructífero de la predicación de la santidad.

- James O. McClurkan, líder fundador de una asociación de iglesias de santidad en Tennessee que se unió a la denominación, se caracterizó por su fervor misionero y teología práctica. Enfatizó la educación y las misiones en el extranjero.

- C.B. Jernigan, pionero y gran predicador de santidad, ayudó a organizar las bandas independientes de santidad en una asociación de iglesias en el sur de Estados Unidos que luego se unió a la denominación.

- J.G. Morrison, líder activo en el movimiento de santidad, organizó la asociación de laicos de santidad en el noroeste de los Estados Unidos, formada por un gran grupo de evangelistas y obreros cristianos que se unió a la denominación.

- C.W. Ruth, evangelista de la Asociación Nacional de Santidad, líder en el este de los Estados Unidos, propuso a la Asociación de Iglesias Pentecostales de América fusionarse con la denominación.

con la posición doctrinal de la iglesia y no quería ser identificada con el pentecostalismo moderno que enfatizaba el don de lenguas como evidencia del bautismo del Espíritu Santo.

En 1922, 1952, 1955, 1958 y 1988 varios grupos de santidad de Estados Unidos, Canadá, Inglaterra, Nigeria y Sudáfrica se unieron a la denominación internacional con iglesias en el Caribe, Centro América, Sud América, Asia, África y Cabo Verde.

En este periodo de cimentación, se creó la Casa Nazarena de Publicaciones (en inglés) en 1911. Al año siguiente, 1912, se publicó la revista denominacional: *El Heraldo de Santidad*. También durante este tiempo se estableció la obra misionera en diferentes países del mundo, y se desarrollaron varias universidades para educar a los ministros y al laicado cristiano.

Durante el periodo de los años 1915 a 1945, se formó la sociedad misionera extranjera, se creó la junta general, y se estableció el departamento de escuela dominical. Luego en el periodo de 1946 a 1970, la obra misionera se extendió a otras naciones del mundo, se creó el Seminario Teológico Nazareno en 1945, se iniciaron programas radiales en inglés, español y otros idiomas, y se crearon grupos misioneros de jóvenes.

Desde 1971 en adelante, la iglesia enfatizó y trabajó en la internacionalización de la denominación, y dio más fuerza a los ministerios de compasión y otros programas.

En el nuevo siglo XXI, y unas décadas antes, la denominación continuó renovándose y actualizándose. Surgieron nuevos y novedosos ministerios en todos los niveles (local, distrital, regional, general) para trabajar con los niños, los jóvenes y los adultos. Además se desarrollaron nuevas áreas de servicio para los laicos, se diseñaron nuevas estrategias de evangelismo y crecimiento de la iglesia y se establecieron nuevos y prácticos programas de educación teológica para preparar y formar a más ministros.

También se utilizaron los nuevos medios tecnológicos y de informática para la difusión de programas, videos, promociones, comunicaciones, publicaciones de materiales y otros. Se crearon nuevos programas educativos para el discipulado y la formación espiritual de los miembros, se escribieron y publicaron numerosos libros en diferentes áreas, se incrementaron los viajes misioneros y transculturales dentro y fuera de cada país, así como las conferencias internacionales para promover la doctrina de la santidad.

La iglesia siempre ha tenido una dimensión internacional desde sus comienzos, por ello, continúa siendo una denominación global creciente alrededor del mundo con una membresía de más de 1,2 millones de personas.

Líderes fundadores de la denominación

Phineas F. Bresee, ministro, evangelista, fundador de la denominación, primer superintendente general, desarrolló la forma de gobierno de la iglesia.

Hiram F. Reynolds, ministro, segundo superintendente general, nutrió su identidad como una iglesia comprometida con las misiones internacionales.

Edgar P. Ellyson, ministro, teólogo, tercer superintendente general, contribuyó en el área de la educación de la denominación, la preparación de líderes y la escuela dominical.

Roy T. Williams, ministro, superintendente general, proporcionó su experiencia como pastor y evangelista y sus conocimientos como profesor de teología y de Biblia.

James B. Chapman, ministro, superintendente general, dio a la iglesia un rico legado de literatura de santidad y predicación.

Denominaciones hermanas de la Iglesia del Nazareno

Las denominaciones hermanas son aquellas que aunque mantienen una organización separada de la Iglesia del Nazareno, comparten doctrinas semejantes.

Las denominaciones wesleyanas de santidad que se distinguen por su creencia común en la doctrina de la entera santificación y que surgieron dentro de la tradición wesleyana son:

La Iglesia Metodista Libre, la Iglesia Wesleyana y el Ejército de Salvación.

Las denominaciones adicionales surgieron fuera de la tradición wesleyana, pero adoptaron la doctrina de la entera santificación como un artículo de fe y por eso se les considera iglesias de santidad. Estas son:

La Iglesia de Dios (Anderson, Indiana), la Iglesia de Dios de Santidad la Iglesia de Cristo de Santidad, la Iglesia Bíblica Misionera, la Hermandad en Cristo, la Iglesia Amigos y la Iglesia Alianza Cristiana Misionera.

¿QUÉ APRENDIMOS?

Que la historia de la Iglesia del Nazareno es una historia emocionante de la obra de Dios en una nación y en los corazones de las personas.

Que la Iglesia del Nazareno es producto de un avivamiento de santidad y que encontró su expresión en la unidad.

Que para entender la historia de la Iglesia del Nazareno hay que entender a sus fundadores y el desarrollo de la denominación.

Otros líderes destacados:

- William Howard Hoople, uno de los doce líderes fundadores de la denominación, fundó la Iglesia de la Avenida Utica y de otras iglesias de santidad en Nueva York.

- MaryLee Cagle, predicadora de santidad, cuya ordenación abrió el camino para muchas mujeres en el movimiento de santidad que fueron llamadas por Dios al ministerio público. Fue una gran evangelista, plantadora de iglesias y pastora.

- Susan Fitkin, la primera presidenta de la Sociedad Misionera y llamada la madre de las misiones. Promovió, comenzó y estableció la movilización misionera en la denominación. Envió a más de 1700 misioneros durante su ministerio.

- Reuben (Bud) Robinson, fuerte líder sureño, evangelizó con gran pasión a cientos de personas durante su ministerio.

- H.O. Wiley, ministro, educador, teólogo, y escritor, contribuyó con su compromiso a la educación como una parte integral de la santidad.

Lección 4 - Nuestra Historia

Actividades

INSTRUCCIONES:

1. Escriba la biografía de un líder nazareno, ya sea un fundador de la denominación (Estados Unidos) o un fundador de la obra en su país (misionero o líder nacional), cuya vida le haya inspirado. Luego, haga una presentación para el grupo o para la iglesia local o para enviarla a sus contactos vía internet.

_____
_____
_____
_____
_____
_____
_____
_____
_____
_____
_____
_____
_____
_____

2. Investigue con los miembros más antiguos de su iglesia local, algunos datos interesantes o anécdotas de los fundadores y de la historia en su lugar.

3. ¿Qué fue para usted lo más importante que aprendió en esta lección?

_____
_____
_____
_____
_____
_____
_____
_____
_____
_____

Lección 5

NUESTRAS CREENCIAS

Objetivos

- Conocer nuestras creencias básicas.
- Identificar los principales aspectos de nuestra identidad teológica.
- Apreciar la doctrina de la entera santificación.

Ideas Principales

- La Iglesia del Nazareno comparte los credos de las iglesias cristianas y los principios del movimiento de la Reforma.
- La tradición teológica de la Iglesia del Nazareno es Arminiano-Wesleyana.
- La santificación es obra de Dios para la limpieza del corazón del creyente de manera que sea puro, lleno del amor de Dios.

Introducción

La Iglesia del Nazareno es una iglesia cristiana que se fundamenta en los principios, valores y normas bíblicas. También es una iglesia que tiene una pasión por enseñar, predicar y vivir la doctrina bíblica de la santidad. Esto hace una diferencia en la manera en que los nazarenos pensamos y vivimos en el mundo.

¿En qué creemos los nazarenos?

En esta sección conoceremos las creencias básicas

Las doctrinas básicas del cristianismo se expresan en el Credo de los Apóstoles:
"Creo en Dios, el Padre Todopoderoso, Creador del cielo y de la tierra; y en Jesucristo, su único Hijo, Señor nuestro; que fue concebido del Espíritu Santo, nació de la virgen María, padeció bajo Poncio Pilato; fue crucificado, muerto y sepultado; al tercer día resucitó de entre los muertos; subió al cielo, y está sentado a la diestra de Dios Padre Todopoderoso. Y desde allí vendrá al fin del mundo a juzgar a los vivos y a los muertos. Creo en el Espíritu Santo, la santa Iglesia Universal (católica), la comunión de los santos, el perdón de los pecados, la resurrección del cuerpo y la vida perdurable". Amén.

Católica: Cuando se escribe en minúsculas, significa la iglesia universal, el Cuerpo de Cristo y es aceptado por Protestantes y Católicos Romanos.

Creemos que somos una parte de la Iglesia Universal de Jesucristo y que compartimos con otras comunidades cristianas un mismo Señor, una misma fe y un mismo bautismo.

Creemos que el Antiguo y el Nuevo Testamento revelan la voluntad de Dios para las personas con respecto al pecado, la salvación y la nueva vida en Cristo.

Creemos en las doctrinas básicas del cristianismo formuladas en los grandes credos ecuménicos de los primeros siglos de la Iglesia cristiana.

Creemos y afirmamos que la salvación es por gracia por medio de la fe; que las Escrituras son la autoridad final para la fe y la práctica de la vida cristiana; y creemos en el sacerdocio de todos los creyentes.

Creemos que los cristianos son justificados y santificados por medio de la fe.

Creemos que la gracia santificadora de Jesucristo se recibe en el nuevo nacimiento (regeneración) cuando el Espíritu Santo implanta nueva vida espiritual en el creyente y que esa gracia santificadora se incrementa conforme se vive en el Espíritu.

Creemos y afirmamos que la entera santificación es una provisión de gracia para todos los creyentes donde el corazón es limpio de todo pecado y se llena de amor para Dios y para el prójimo.

¿Cuál es la declaración de fe de los nazarenos?

En esta sección aprenderemos sobre nuestra declaración de fe

Los Principios de la Reforma Protestante
- Las Escrituras son la fuente de autoridad única y suficiente para la fe.
- La salvación es por gracia y por la fe solamente.
- El sacerdocio de todos los creyentes
- Solo Jesucristo es la cabeza de la Iglesia

En Octubre de 1895 Bresse y los líderes adoptaron un breve credo que enfatizaba los aspectos esenciales a la salvación, los que fueron llamados originalmente los artículos de fe. Esta declaración de fe como se le llamó luego, se encuentra en la parte II sobre la Constitución de la Iglesia en el Manual de la Iglesia del Nazareno. Creemos:

1. En un solo Dios, el Padre, el Hijo, y el Espíritu Santo.

2. Que las Escrituras del Antiguo y Nuevo Testamento son inspiradas plenamente y contienen toda la verdad necesaria para la fe y vida cristiana.

3. Que el hombre es nacido con una naturaleza caída y por tanto está inclinado de continuo al mal.

4. Que la persona que no se arrepiente de sus pecados está sin esperanza y perdida eternalmente.

5. Que la expiación de Jesucristo es para toda la raza humana y quien se arrepienta y crea en el Señor Jesucristo es justificado, regenerado y salvo del dominio del pecado.

6. Que los creyentes deben ser santificados completamente, subsecuente a la regeneración por medio de la fe en el Señor Jesucristo.

7. Que el Espíritu Santo testifica al nuevo creyente en la regeneración y en la entera santificación.

8. Que nuestro Señor regresará, que los muertos serán resucitados y que se realizará el juicio final para recompensa de los creyentes y castigo a los que rechazaron a Jesucristo.

Expiación: *Se refiere a la muerte de Cristo en lugar del pecador, pagando con su muerte inocente el costo que la justicia de Dios exigía para borrar la mancha del pecado que separaba al hombre de Dios. Es por medio de la muerte de Cristo que Dios pudo reconciliar consigo al mundo y el camino de reencuentro con Dios quedó abierto para todos los seres humanos (2 Corintios 5:19; Hebreos 2:17).*

REGENERACIÓN: Se denomina de esta manera a la obra de restauración que efectúa el Espíritu de Dios en la persona que acepta a Cristo como su Salvador personal. Regenerado significa hecho de nuevo, nacido de nuevo (Juan 3:3).

¿Cuáles son los artículos de fe de los nazarenos?

A continuación estudiaremos los artículos de fe

La declaración de fe original se reformuló y amplió quedando expresada en catorce puntos que llamaron "declaración doctrinal" y que apareció en el manual de la Iglesia del Nazareno Pentecostal de 1908. Años más tarde, en diferentes periodos de tiempo, varió el orden y se añadieron las declaraciones doctrinales sobre la sanidad divina (aunque ésta estaba presente pero bajo la sección de Consejos Especiales) y la iglesia. Estas son las afirmaciones doctrinales establecidas en los siguientes 16 artículos de fe:

Justificado: *Persona que ha sido hecha justa o declarada justa por Dios (Romanos 5:1).*

Lección 5 - Nuestras Creencias

Inspiración plena de las Escrituras

La inspiración es "la energía activa del Espíritu Santo por medio de la cual los hombres escogidos de Dios han proclamado oficialmente su voluntad, tal como se nos revela en las Sagradas Escrituras" (Introducción a la Teología Cristiana, Orton Wiley, p. 59). La Iglesia del Nazareno cree que toda la Biblia es la Palabra de Dios. Sus autores fueron "inspirados" por Dios, o sea, que fueron guiados por Dios mismo, a fin de proveer a la raza humana de suficiente información para que puedan vivir en obediencia al Creador. Dios ha provisto una guía segura para todo aquel que quiere vivir cada día en santidad siguiendo el ejemplo de Jesús (Lucas 14:44-47; 1 Corintios 15:3-4; 2 Timoteo 3:15-17; 2 Pedro 1:20-21).

I. El Dios Trino
II. Jesucristo
III. El Espíritu Santo
IV. Las Sagradas Escrituras
V. El Pecado, Original y Personal
VI. La Expiación
VII. La Gracia Preveniente
VIII. El Arrepentimiento
IX. La Justificación, la Regeneración y la Adopción
X. La Entera Santificación
XI. La Iglesia
XII. El Bautismo
XIII. La Santa Cena
XIV. La Sanidad Divina
XV. La Segunda Venida de Cristo
XVI. La Resurrección, el Juicio y el Destino

Nuestros artículos de fe son un reflejo de los 25 artículos de fe del Metodismo y estos a su vez de los 39 artículos del Anglicanismo.

¿Cuál es la tradición teológica nazarena?

En esta sección aprenderemos sobre nuestra herencia teológica

La tradición teológica de la Iglesia del Nazareno es Arminiano-Wesleyana porque creemos y afirmamos las doctrinas bíblicas enseñadas por Jacobo Arminio y por Juan Wesley.

Jacobo Arminio (1550-1609) fue un pastor y predicador holandés de la Iglesia Reformada, teólogo, profesor y doctor en teología. Escribió muchos documentos teológicos en defensa de la fe. Trató los temas de la predestinación, la relación entre Dios y el hombre, el orden de la iglesia, la regeneración del hombre según el capítulo 7 de romanos, el bautismo, la gracia, y el libre albedrío.

Arminio enseñó la doctrina de la gracia (la gracia es gratis para todos), la doctrina del libre albedrío o libre voluntad (donde uno puede escoger a Dios y lo bueno para ser salvo o rechazar su oferta de salvación), la doctrina de la perseverancia de los santos (la gracia salvífica se puede perder por severo y persistente pecado), la doctrina de la justificación (la salvación está condicionada a la fe y al arrepentimiento), la doctrina de la predestinación (Jesús murió por todos los seres humanos), y las doctrinas del pecado, la doctrina de la santificación, la doctrina de la iglesia y la doctrina de los sacramentos.

Juan Wesley (1703-1791) fue un pastor anglicano, evangelista, teólogo cristiano británico y fundador del Metodismo. Juan y su hermano Carlos (1707-1788) lideraron el gran avivamiento en Inglaterra. Wesley escribió miles de libros, folletos y cartas difundiendo su pensamiento teológico.

Wesley enseñó la doctrina de los medios de gracia y de los sacramentos, la doctrina de la gracia preveniente (aquella que nos atrae hacia la salvación), la doctrina del testimonio del Espíritu, la doctrina del pecado original y personal, doctrina de las Escrituras, doctrina de la perfección cristiana, doctrina de la creación, doctrina de la iglesia y de la adoración, doctrina de Dios, doctrina de la salvación por fe, doctrina de la seguridad personal, y la doctrina de los últimos tiempos o fin del mundo.

¿Qué es lo que creen los nazarenos con respecto a la entera santificación?

En esta sección aprenderemos sobre nuestra doctrina cardinal

El Dr. Rob Staples, uno de los teólogos de la denominación, explica la santificación como el proceso de por vida de llegar a ser santos tal como somos llamados a ser, donde la santidad se va perfeccionando en el temor de Dios y moviéndonos por medio de la gracia a nuestro destino. Ese destino está definido por la imagen de Dios con la cual los seres humanos han sido creados, pero debido al pecado, esa imagen quedó opacada hasta que nos fue revelada en Jesucristo. El Hijo de Dios encarnado es la imagen del Dios invisible y nos fue enviado como el modelo de vida que debemos seguir. Por tanto, nuestro destino es ser conformados y transformados a la imagen de Jesucristo, y eso es ser santificado.

La santificación también es un proceso instantáneo y progresivo con etapas muy definitivas que comienzan en la justificación (santificación inicial), va creciendo gradualmente (santificación progresiva) hasta que en otro instante el corazón es limpio de todo pecado y lleno de amor para Dios y el prójimo (entera santificación). Dios es el que hace la obra de "hacernos santos" en respuesta a nuestra consagración.

Esa obra de gracia de la santificación, se obtiene en el tiempo presente de la vida del creyente (en un tiempo largo o corto) y sigue creciendo de manera que ésta continúa hasta que el creyente parte ante la presencia de Dios (glorificación). Esta obra de purificación la realiza el Espíritu Santo que requiere la fe como condición y no las obras.

¿Qué es lo que creen los nazarenos en cuanto a la perfección cristiana?

A continuación aprenderemos sobre la enseñanza wesleyana de la perfección

Los nazarenos entendemos que el Espíritu nos llena de perfecto amor, del mismo amor perfecto de Dios. "Ser perfecto" significa amar a Dios con todo el corazón, y con toda el alma y con todas las fuerzas y al prójimo como a uno mismo, y amar aún a los enemigos.

Lección 5 - Nuestras Creencias

Anglicanismo: *Se refiere a la Iglesia de Inglaterra, que es la iglesia oficial. Sus líderes ministeriales son los obispos, los presbíteros o sacerdotes y los diáconos. Su liturgia se basa en el Libro de Oración Común. Las iglesias miembros incluyen a la Iglesia Episcopal Protestante.*

Santificación inicial: *Se refiere al bautismo del Espíritu que se recibe en la conversión, cuando el creyente nace a la vida espiritual. Juan Wesley la llamaba así dentro de su entendimiento de la doctrina de santidad y para afirmar que el Espíritu Santo entra y comienza la obra en el corazón de la persona que ha recibido a Jesucristo como su Salvador personal.*

***Santificación progresiva:**
Se refiere al proceso de crecimiento en pureza del creyente gracias a la obra interna del Espíritu Santo transfiriendo al cristiano el carácter de Cristo.*

***Consagración:** Acto de dedicar algo al servicio de Dios exclusivamente. Puede ser la vida de una persona, su tiempo, sus bienes u otros (Romanos 6:13-19, 12:1).*

Este amor no es condicional, sino que así como el amor de Dios es por gracia, así también eso es lo que nos permite amar aún a quienes nos persiguen o hacen mal. Las Escrituras enseñan que hemos de ser buenos y ser justos con todos (amigos y enemigos). Por tanto, ser perfecto, se refiere a tener madurez de carácter, y a mostrar amor y compasión por todos los demás en cualquier circunstancia. De esta manera, reflejamos el carácter de Dios y nuestra obediencia, creciendo a imagen y semejanza de Jesucristo.

Wesley afirmaba que si un creyente mantiene la perfección en amor en su vida, eso significa que está ejerciendo el poder de no pecar voluntariamente. Así pues, tanto los nuevos creyentes como los cristianos maduros, tienen el poder de no transgredir voluntariamente los mandamientos de Dios.

En la perfección cristiana, el asunto va más allá de tener un poder para no pecar, sino que tiene que ver con el ser mismo de la persona.

Wesley en su tratado sobre la perfección cristiana deja en claro en qué sentido un cristiano no es perfecto o deba esperar ser perfecto. Él afirma que los creyentes no son perfectos en conocimiento, no son libres de cometer errores de las cosas que no son esenciales a la salvación, no son libres de sus limitantes humanas (lentos para entender, incoherentes de pensamiento, se confunden, etc.), no son libres de las tentaciones, y no gozan de una perfección estática sino dinámica.

Para Wesley, el cristiano perfecto es aquel en cuyo corazón reina el amor paciente, gentil, humilde de Dios y que tiene el control de sus temperamentos, pensamientos, palabras y acciones en su corazón y en su vida total.

¿Cuáles son las diferencias con otras tradiciones teológicas?

En esta sección conoceremos las diferencias doctrinales de otras denominaciones

Existen muchas tradiciones cristianas que enfatizan un aspecto de la verdad o un modo de interpretar una enseñanza de la Escritura. Algunas enseñanzas con las cuales los nazarenos difieren son por ejemplo:

No se acepta la doctrina incondicional de elección o predestinación de la tradición calvinista que afirma que desde antes de nacer Dios eligió a cada ser humano para que sea salvo o para que se pierda eternamente. Independientemente si esa persona continúa pecando será salvo porque ha sido elegido o "predestinado" para ello.

No se acepta la expiación limitada de los fundamentalistas que afirma que el sacrificio de Cristo sólo beneficia a un número limitado de seres humanos.

Tampoco se acepta el énfasis en el don de lenguas desconocidas como evidencia de la llenura del Espíritu Santo, ni el uso de un lenguaje de oración diferente a su propia lengua como evidencia de un grado mayor de espiritualidad, como afirman algunas iglesias pentecostales.

¿Cuáles son las convicciones que dieron nacimiento a los nazarenos?

En la última sección conoceremos las convicciones que dieron origen a la denominación

1. Los nazarenos se comprometen a ser buenos mayordomos de la doctrina de la fe cristiana recibida de la Iglesia Cristiana.

2. Los nazarenos saben que lo que los une con otros cristianos, es más importante que aquello que los diferencia de ellos.

3. Los nazarenos creen firmemente que el mensaje del evangelio tiene poder para transformar la vida de todo aquel que lo recibe.

4. Los nazarenos creen que Dios ha levantado a la Iglesia del Nazareno con una misión para toda la humanidad: vivir una vida limpia de pecado, testificar y enseñar a otros a vivir en santidad de vida y a practicar una vida de amor perfecto siguiendo el ejemplo de Jesús de Nazaret.

5. Los nazarenos creen que las Escrituras son la única fuente de autoridad para la fe y la práctica de la vida cristiana.

6. Los nazarenos aprecian, valoran y respetan su diversidad cultural porque entienden que enriquece a la iglesia.

¿Qué Aprendimos?

Que los nazarenos enseñan, predican y viven la doctrina bíblica de la santidad como una obra divina de limpieza de pecado en el corazón, y como respuesta a la consagración, donde la llenura del amor de Dios les permite amarle, amar a su prójimo y aún a sus enemigos, como parte del proceso de transformación y semejanza a Jesucristo. Sus creencias se basan en la Escritura y en las enseñanzas de Juan Wesley.

Lección 5 - Nuestras Creencias

Actividades

INSTRUCCIONES:

1. ¿Cuál es la doctrina bíblica que dio a la Iglesia del Nazareno su identidad?
___
___

2. Luego de leer Romanos 12, explique en sus propias palabras qué significa consagración completa.
___
___

3. ¿Cuál es su experiencia personal con respecto a la consagración, la llenura del Espíritu y la vida de santidad?
___
___

4. ¿Cuáles son las diferencias con cristianos de otras tradiciones teológicas con respecto a la santificación?
___
___

5. ¿A qué se debe qué la tradición teológica de los nazarenos se llama Arminiano-Wesleyana, además mencione los nombres de dos teólogos importantes?
___
___

6. En grupos de 3 ó 4 integrantes, mencionen ejemplos específicos de cómo expresar la santidad en la vida diaria del creyente.

_____	_____	_____
_____	_____	_____
_____	_____	_____

7. Terminen la clase con un tiempo de oración por aquellos que desean ser santificados por la obra del Espíritu Santo.

Lección 6

NUESTRA ORGANIZACIÓN

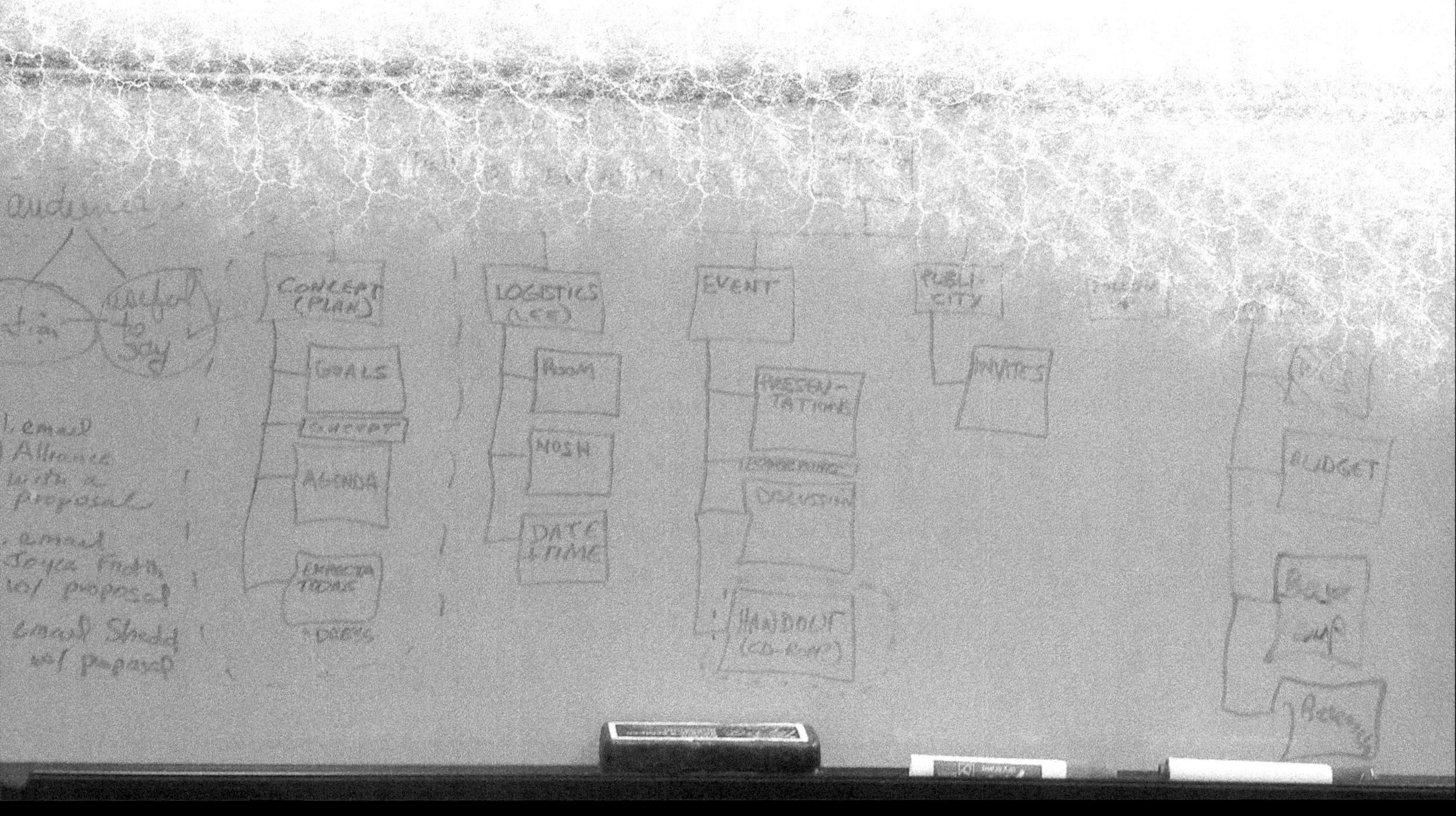

Objetivos

- Conocer la forma de organización de la denominación.

- Valorar como esa organización sirve al cumplimiento de nuestra misión.

Ideas Principales

- Conocer nuestra forma de organización nos ayuda a valorar nuestra denominación.
- Se necesita liderazgo y organización para guiar a la iglesia en el cumplimiento de su misión en el mundo.
- Algunos aspectos de nuestra forma de organización son herencia anglicana y metodista.

Introducción

En esta lección se estudiará cómo está organizada la Iglesia del Nazareno para conocer cómo funciona, cuál es su forma de gobierno, cómo se escoge su liderazgo, cómo se toman las decisiones, cómo se desarrollan los programas y ministerios.

El Manual de la Iglesia del Nazareno

En esta sección comprenderemos por qué necesitamos el Manual

En la página del preámbulo de la parte II "Constitución de la Iglesia" se da razón del por qué tenemos un manual:

"A fin de que mantengamos nuestra herencia dada por Dios, la fe una vez dada a los santos, especialmente la doctrina y experiencia de la entera santificación como segunda obra de gracia, y también para que cooperemos eficazmente con otras ramas de la iglesia de Jesucristo en expandir el reino de Dios, nosotros los ministros y los miembros laicos de la Iglesia del Nazareno, en conformidad con los principios de la legislación constitucional establecida entre nosotros, por la presente ordenamos, adoptamos y publicamos como la ley fundamental o Constitución de la Iglesia del Nazareno, los Artículos de fe, el Pacto de Conducta cristiana y los Artículos de Organización y Gobierno..." (Manual 2013-2017, Preámbulo, p. 30).

El manual de la Iglesia del Nazareno es una guía que contiene en forma ordenada y sistemática, información sobre la historia, las creencias, la organización, el gobierno, los objetivos, las funciones, los procedimientos, la misión, los valores, las prácticas éticas, y posiciones oficiales de la denominación, constituyéndose en un instrumento de apoyo administrativo para los líderes y de efectividad para la tarea de la denominación.

El conocimiento y aplicación del manual ofrece varias ventajas: Presenta una visión global de la organización de la denominación, precisa claramente las funciones de cada área administrativa, ministerio y personas en posiciones de servicio, facilita la unidad en la labor para el cumplimiento de la misión de la iglesia y permite el ahorro de tiempo y esfuerzos en la ejecución de funciones. Además, proporciona información sobre las creencias y posición de la denominación en asuntos importantes, ayuda en la planificación, en la organización, en la coordinación, en la delegación y en la evaluación de la obra, y sirve como medio de integración a las nuevas iglesias locales en los diferentes países alrededor del mundo, facilitando su incorporación e integración a la denominación.

Cada cuatro años, la asamblea general revisa y actualiza el manual por decisión de los distritos, que incluye a las iglesias locales. En la actualidad, el manual tiene cuatrocientas páginas y su contenido se divide en diez partes que están organizadas en forma sistemática. Allí se incluyen una introducción, declaración histórica, constitución de la iglesia, pacto de conducta cristiana, gobierno, ministerio y servicio cristiano, administración judicial, ritual, constituciones auxiliares, formularios y apéndice. Todas estas partes siguen el sistema de artículos y párrafos con una numeración consecutiva.

Declaración de misión, propósito y objetivo

A continuación conoceremos el propósito por el cual existe nuestra iglesia

En el manual se declara nuestra misión:

*"La **misión** de la Iglesia del Nazareno consiste en responder a la Gran Comisión de Cristo de id y haced discípulos a todas las naciones (Mateo 28:19)". "El objetivo primordial de la Iglesia del Nazareno consiste en llevar adelante el Reino de Dios por medio de la preservación y propagación de la santidad cristiana como lo establecen las Escrituras" (Manual 2013-2017, p.5).*

La **Asamblea General** es el organismo máximo de la Iglesia del Nazareno en cuanto a formulación de creencias, leyes y elecciones.

También encontramos en el manual los objetivos y propósito por los cuales existe nuestra organización:

*"Los **objetivos** críticos de la Iglesia del Nazareno son: la santa comunión cristiana, la conversión de los pecadores, la entera santificación de los creyentes, su edificación en la santidad y la simplicidad y poder espiritual manifestados en la iglesia primitiva del Nuevo Testamento, junto con la predicación del evangelio a toda criatura".*

"La Iglesia del Nazareno existe con el propósito de servir como instrumento para el avance del reino de Dios mediante la predicación y la enseñanza del evangelio en todo el mundo. Nuestra comisión bien definida consiste en preservar y propagar la santidad cristiana como la establecen las Escrituras, por medio de la conversión de los pecadores, la restauración de los apóstatas y la entera santificación de los creyentes" (Manual 2013-2017, p.5).

En el preámbulo de la Parte IV bajo Gobierno, se declaran nuevamente nuestra tarea, misión y meta:

- **Nuestra tarea** es dar a conocer a todos los pueblos la gracia transformadora de Dios por medio del perdón de los pecados y limpieza de corazón en Jesucristo.

Su forma de gobierno

En esta sección conoceremos cuál es nuestra forma de gobierno

Las Escrituras enseñan que había un orden en la iglesia primitiva. En las cartas pastorales (1, 2 Timoteo y Tito) se observa que había un orden en cuanto a las reuniones, regulaciones dentro de la iglesia para el liderazgo, y otras ordenanzas. A lo largo de la historia de la iglesia cristiana, se han practicado por lo menos cinco formas de gobierno eclesiástico:

1. El Papado: donde la Iglesia Católico Romana sostiene que la autoridad suprema y final se encuentra en el Papa.

2. Congregacional: donde la autoridad se asienta en las congregaciones separadas. A esta forma de gobierno a veces se lo ha denominado "independiente" o "democrático", por involucrar mayor participación. La autoridad reside en la iglesia local. He aquí tres verdades que ellos afirman:

- **Nuestra misión** es: Hacer discípulos, incorporar a los creyentes en el compañerismo y membresía de la iglesia (congregaciones) y capacitar (enseñar) para el ministerio a todos los que respondan en fe.

- **Nuestra meta:** Presentar perfecto en Cristo Jesús a todo hombre en el día final (Colosenses 1:28).

Gobierno representativo
El obispo Weaver, citado por Wiley y Culbertson, opina sobre esta forma de gobierno: "Es nuestra opinión, que la forma de gobierno en el Nuevo Testamento no fue exclusivamente episcopal, ni presbiteriana, ni congregacional, sino una combinación de ciertos elementos de todos. De un examen cuidadoso de toda la cuestión, concluimos que estamos en armonía con la práctica y escritos de los apóstoles al decir que la autoridad en la Iglesia visible es puesta en el ministerio y en los laicos juntamente".

Como parte también de nuestra herencia anglicana y especialmente metodista, los siguientes aspectos organizacionales y prácticas han sido adaptados por nuestra denominación:
- Las asambleas se derivan del sistema de conferencia metodista que muestran e-lementos de influencia presbiteriana en el Metodismo y en nuestra iglesia.
- La práctica de elección de candidatos ministeriales para ser ordenados como presbíteros en las asambleas de distrito.
- La invitación de presbíteros ordenados a imponer manos a los nuevos ministros.
- La necesidad de la superintendencia.

a) El poder gobernativo reside en la iglesia y no en los obispos o ancianos.

b) La mayoría es la que manda; la minoría debe someterse a los juicios de la mayoría.

c) El poder de la iglesia no puede transferirse o ignorarse; y la decisión de la iglesia es la final.

3. Episcopal: donde la autoridad se concentra en una orden superior de ministerio llamados obispos. El gobierno de la iglesia local descansa enteramente sobre el obispo quien es el centro de la autoridad.

4. Presbiteriano: donde la autoridad descansa en el ministerio y en los laicos juntamente. La autoridad en este sistema reside en:

Primero, en el **Consistorio** que está formado por los ancianos gobernantes o sea los líderes maduros que representan la congregación, y el pastor.

Segundo, en el **Presbiterio**, que está formado por todos los pastores y un líder maduro de cada congregación.

Tercero, en el **Sínodo**, que está formado por un grupo de pastores y líderes maduros.

Cuarto, en la **Asamblea General**, que se forma por pastores y líderes que representan a todos los presbiterios. Esta asamblea es la máxima autoridad de la Iglesia Presbiteriana.

5. Metodista: surge del modelo presbiteriano, donde la autoridad se pone principalmente en los presbíteros de la iglesia.

De estas formas de gobierno de la iglesia, las más practicadas con sus adaptaciones por las iglesias protestantes son: Episcopal, Presbiteriano y Congregacional.

La Iglesia del Nazareno tiene un **gobierno representativo,** el cual es una combinación de ciertos elementos de estos tres modelos. Es decir, usa elementos episcopales (autoridad está en los obispos), presbiterianos (autoridad está en los presbíteros) y congregacionales (autoridad está en la congregación) para evitar los extremos del episcopalismo y del congregacionalismo.

La forma de gobierno de la Iglesia del Nazareno es distintivo, porque en los diferentes niveles de la estructura de la organización tienen participación tanto ministros como laicos. Estos ocupan diferentes posiciones de servicio y trabajan en equipo para el logro común de objetivos y del cumplimiento de la misión de la iglesia. Laicos y ministros tienen igual autoridad en los asuntos administrativos de la iglesia, manteniendo así un balance de poder. Esto se declara en la Introducción del Manual:

> *"Gracias a que tanto los laicos como los ministros tienen igual autoridad en las unidades deliberadoras y legislativas de la iglesia, existe un equilibrio de poder deseable y efectivo. Consideramos éste no solo como una oportunidad de participación y servicio en la iglesia, sino también como una obligación tanto para los laicos como para los ministros"* (p. 8).

La organización y gobierno de la iglesia se estructura en tres niveles: Iglesia local, distrital y general.

Organización en la iglesia local

En la Iglesia del Nazareno, afirmamos que la iglesia local es el contexto donde se lleva a cabo la misión al proclamar el mensaje de salvación, discipular a los creyentes, guiarlos a la madurez y entrenarlos para ejercer los dones del Espíritu. La iglesia local como Cuerpo visible de Cristo es la representación viviente de las creencias y la misión de nuestra iglesia.

La iglesia local se organiza básicamente en las siguientes entidades a fin de facilitar su labor:

- Pastor(a)/Cuerpo pastoral

- Junta de la iglesia (mayordomos, ecónomos, presidentes de los ministerios de: MEDD, MNI y JNI, secretario y tesorero)

- Ministerios: Escuela Dominical y Discipulado (MEDD), Misiones Nazarenas Internacionales (MNI), Juventud Nazarena Internacional (JNI), Comité de Evangelismo y Comité de Ministerios Nazarenos de Compasión (MNC).

La iglesia local elige delegados para la asamblea distrital, participa en la selección y el ministerio de sus pastores, escoge a sus líderes locales, administra sus propias finanzas y se encarga de todos los otros asuntos pertenecientes a su vida y labor local.

En la Iglesia del Nazareno, el organigrama de la iglesia local no es rígido, sino que permite la creación de ministerios y la suma de tantos líderes como se requiera para cumplir la misión en su contexto.

Mayordomo: Un miembro de la iglesia del Nazareno que es escogido para algunas responsabilidades específicas en las áreas de visitación, finanzas, evangelismo, compasión, adoración pública, discipulado, preparación y distribución de los elementos para la Cena del Señor, entre otros.

Presbítero: Es el reconocimiento u orden permanente que la iglesia otorga a los ministros que han sido llamados por Dios y han cumplido con los requisitos para ello: estudios teológicos, experiencia ministerial, testimonio y servicio cristiano, entre otros.

MODELO DE ORGANIGRAMA DE UNA IGLESIA LOCAL

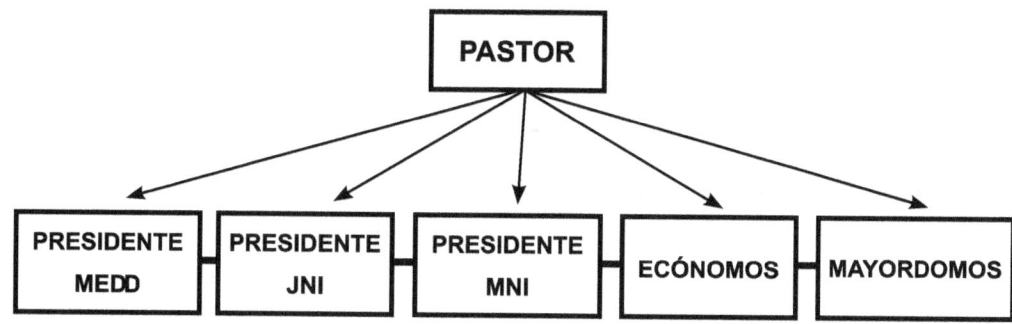

Lección 6 - Nuestra Organización

Organización distrital

Un distrito es un conjunto de iglesias locales en un área geográfica bajo el liderazgo de un presbítero quién sirve como superintendente. En los artículos de organización y gobierno en la sección de la Constitución de la Iglesia se afirma que:

28.1 Estamos de acuerdo en que es necesaria una superintendencia que complemente y ayude a la iglesia local en la realización de su misión y objetivos. La superintendencia edificará la moral, proveerá motivación, proporcionará administración y asesoramiento de métodos, y organizará y estimulará la organización de iglesias y misiones nuevas en todas partes.

28.2 Estamos de acuerdo en que la autoridad otorgada a los superintendentes no interferirá en la acción independiente de una iglesia completamente organizada. Cada iglesia disfrutará del derecho de escoger a su pastor, sujetándose a las reglas de aprobación que la Asamblea General crea conveniente instituir. ...

A nivel de distrito, un superintendente cuenta con un equipo de líderes de ministerio, juntas de trabajo y comités. Estos líderes y juntas son electos por los representantes de las iglesias locales en la Asamblea de Distrito que sesiona anualmente.

Organización general y regional

A nivel general, existen tres organismos importantes en la denominación, que representan a todas las iglesias locales y distritos alrededor del mundo. Estos son: la Asamblea General, la Junta de Superintendentes Generales, y la Junta General Internacional. Las funciones y organización de cada uno se encuentran en el manual de la iglesia, pero aquí se presenta un breve resumen.

La **Asamblea General** es la suprema autoridad de la denominación. Está presidida por los superintendentes generales. Está formada por delegados ministeriales y laicos en números iguales, electos a ella por las asambleas de distrito de la Iglesia del Nazareno; por miembros ex-officio y por delegados de distritos bajo la administración de los departamentos de Misión Mundial y Crecimiento de la Iglesia, según lo estipule la Asamblea General. Esta asamblea se celebra cada cuatro años (ver párrafos 300 al 305.9).

La **Junta General** se compone por miembros electos en la Asamblea General, que son delegados ministeriales y laicos que representan a una región (ver párrafos 330 al 334.19).

Los **Superintendentes Generales** son electos por la Asamblea General de entre todos los presbíteros de la Iglesia del Nazareno alrededor del mundo. En la actualidad son seis líderes que constituyen la Junta de Superintendentes Generales (ver párrafos 306 -307, 314 al 323). Para realizar

---

Gobierno congregacional
Este sistema pone énfasis en la autonomía de la iglesia local. Cada congregación ordena sus propios ministros. Rechaza la relación organizacional entre iglesias. Declaran como antibíblica cualquier autoridad eclesiástica más allá de la local. Tienen convenciones y envían delegados, pero aducen que son fraternales. Las decisiones tomadas en la convención no tienen autoridad sobre la iglesia local, sólo se reciben como recomendaciones.

Cualidades del liderazgo
Al escoger líderes en la Iglesia del Nazareno, se enfatiza que estos sean líderes espirituales, es decir, que sean maduros en su carácter, que sean llenos del Espíritu Santo, de manera que puedan liderar con fe, con esperanza, con seguridad, con amor, que provean estabilidad, que sus creencias estén basadas en las Escrituras y que practiquen en su vida lo que allí se enseña, que modelen una actitud y una acción de servicio a los demás, y que se lleven bien con todos los de la familia de Dios.

mejor sus funciones, estos organismos cuentan con un equipo de personas formadas en departamentos, comités y juntas de trabajo.

Organización regional

Una región es una agrupación de varios distritos en un área geográfica que están bajo un Director Regional. Actualmente existen siete regiones internacionales: Mesoamérica, Sudamérica, Caribe, Eurasia, Asia Pacífico, África, y Estados Unidos y Canadá. Las regiones a su vez se subdividen en áreas, cada una bajo un Coordinador de Estrategia de Área en representación del Director Regional. La oficina regional es una extensión de Misión Global de la Iglesia del Nazareno en la región asignada.

Las regiones tienen además coordinadores regionales para apoyar con recursos a las iglesias locales en los siguientes ministerios: Evangelismo, Trabajo y Testimonio, Compasión, Escuela Dominical y Discipulado, Educación Teológica, Misiones, Jóvenes, Literatura, Comunicaciones, y Misión mundial. Además, existe un Concilio Consultivo Regional (RAC) con representación de ministros ordenados y laicos (ver párrafos 344 al 344.7).

La historia del sello de la denominación

El sello actual fue diseñado en 1967 cuando el Dr. B. Edgar Johnson, quien era el secretario general de la denominación en ese tiempo, quería un sello para las cartas oficiales de la iglesia. Con la ayuda del artista Dave Lawlor, el diseño básico estuvo listo y apareció en el papel membretado de la oficina de la Secretaría General. Otros oficiales de los departamentos de la iglesia general, mostraron interés en utilizar también el sello en su papel membretado y pronto se haría disponible para todas las oficinas e incluso se imprimió en los materiales de la Junta General. En 1970, el catálogo de la Casa Nazarena (en inglés) puso a la venta autoadhesivos con el sello en dorado y negro para pegarlos en cartas, certificados, tarjetas, etc. y poco a poco se hizo más popular y al alcance de todos.

El Dr. Johnson escogió diferentes elementos que tenían un significado especial y personal: La flama o llama de fuego y la paloma representan el Espíritu que vive en la Palabra, provocando hambre por Dios, dentro de nuestros corazones; la Biblia, representa la idea de "que la letra mata pero el Espíritu vivifica"; y la frase "Llamados a Santidad", recuerda los inicios de la denominación cuando se usaba este lema en las mantas de tela que se colgaban en los templos nazarenos.

Un sello es una forma simple de identificación que representa a una organización o compañía. En el tiempo de Bresee solo se usaba la cruz en la literatura impresa. El lema "Llamados a Santidad" o "Santidad a Jehová" aparecía en carteles, y en mantas de tela que se colgaban en las iglesias locales o en las reuniones campestres.

¿QUÉ APRENDIMOS?

En el Manual de la Iglesia del Nazareno se encuentra la guía para el gobierno y ministerio de la iglesia a nivel local, distrital, regional y general.

Lección 6 - Nuestra Organización

Actividades

INSTRUCCIONES:

1. Explique en sus propias palabras, en qué consiste la forma de gobierno representativo.

_____
_____
_____
_____
_____
_____
_____
_____

2. En grupos de tres o cuatro integrantes y usando como modelo el organigrama de la página 53, dibuje uno que represente la organización de ministerios en su iglesia local.

Lección 7

NUESTROS VALORES Y MISIÓN

Objetivos

- Identificarse con la misión de la iglesia hacer discípulos semejantes a Cristo en las naciones.

- Tener un entendimiento amplio de la misión global de nuestra denominación.

Ideas Principales

- La Iglesia del Nazareno es un pueblo con una misión.
- La misión se desarrolla en diferentes áreas a fin de que sea integral.
- La misión de la iglesia se fundamenta en sus valores.

Introducción

Una y otra vez la Iglesia necesita recordar su misión para no perder su razón de ser, su prioridad ni su rumbo. Ésta se inició con el plan divino de salvación del ser humano y continuó con el establecimiento de un pueblo de Dios, por el cual todas las naciones de la tierra serían bendecidas. Luego, Dios envió a su Hijo Jesucristo a continuar con la misión de ser luz y sal al mundo, y después él hizo participe de su misión a sus discípulos. Por tanto en la Iglesia del Nazareno -como parte de la Iglesia universal- estamos comprometidos a responder a la Gran Comisión de Jesucristo. Somos el pueblo de Dios y tenemos una misión divina, redentora, santa, de buenas noticias y de alcance universal.

¿Cuáles son los valores de la Iglesia del Nazareno?

En esta sección aprenderemos sobre nuestros valores

La Iglesia del Nazareno se define por su participación en la misión de Dios, sus creencias y sus valores que reflejan su identidad y que son transmitidos de generación en generación. Estos son valores centrales que sirven de guía, que definen lo que hacemos y por qué lo hacemos y sobretodo, que ayudan en el desarrollo de la comunidad nazarena global. A continuación se presenta un resumen de esos valores:

SOMOS UN PUEBLO CRISTIANO

Como miembros de la iglesia universal, nos unimos a los verdaderos creyentes en la proclamación del señorío de Jesucristo y en los credos trinitarios históricos de la fe cristiana. Apreciamos nuestra herencia wesleyana de santidad y la consideramos la manera de comprender la fe verdadera de acuerdo con las Escrituras, la razón, la tradición y la experiencia.

SOMOS UN PUEBLO DE SANTIDAD

Dios, quien es santo, nos llama a una vida de santidad. Creemos que el Espíritu Santo desea efectuar en nosotros una segunda obra de gracia, conocida con varios términos incluyendo "entera santificación" y "bautismo con el Espíritu Santo"; limpiándonos de todo pecado; renovándonos a la

Valores: cualidades, ideales y normas que guían a una persona o institución.

imagen de Dios; dándonos el poder para amar a Dios con todo nuestro corazón, alma, mente y fuerza, y a nuestro prójimo como a nosotros mismos, y produciendo en nosotros el carácter de Cristo. La santidad en la vida de los creyentes se entiende más claramente como semejanza a Cristo.

SOMOS UN PUEBLO MISIONAL

Somos un pueblo enviado que responde al llamado de Cristo y es capacitado por el espíritu Santo para ir al mundo, a testificar del señorío de Cristo y participar con Dios en la edificación de la iglesia y la extensión de su reino (2 Corintios 6:1). Nuestra misión (a) principia en la adoración, (b) ministra al mundo en el evangelismo y la compasión, (c) anima a los creyentes a la madurez cristiana a través del discipulado, y (d) prepara a mujeres y hombres para el servicio cristiano a través de la educación cristiana superior.

(Extraído del folleto de los valores esenciales de la Iglesia del Nazareno basado en la declaración de la Junta de Superintendentes Generales que fueron publicados en el cuatrienio 1997-2001).

La Iglesia del Nazareno es una iglesia con misión

En esta sección aprenderemos sobre la misión histórica de la iglesia

La Iglesia del Nazareno nació con una misión clara como lo expresan estas palabras de Phineas F. Bresee:

"La Iglesia del Nazareno es una iglesia sencilla, primitiva, una iglesia del pueblo y para el pueblo. Carece de nuevas doctrinas, solo las verdades bíblicas antiguas…No es una misión, sino una iglesia con una misión. Es el grupo unido de corazones que han encontrado paz con Dios y que ahora en su alegría salen para llevar el mensaje de las inescrutables riquezas del evangelio de Cristo a las almas desalentadas, sufrientes y enfermas. Su misión es para todos a quienes la lucha de la vida les ha dejado doloridos, y para todo corazón que tiene hambre por la limpieza del pecado".

La Iglesia del Nazareno es una iglesia con una misión. Esa misión nace en el corazón de Dios y en su mismo carácter y naturaleza: su santidad. Esto caracterizó a nuestra denominación y a los grupos de santidad que se unieron a ella. La misión es un aspecto esencial de nuestra identidad.

Los primeros nazarenos, incluyendo su fundador, fueron conocidos por su amor y cuidado de la gente necesitada. Ellos trabajaban duro para abrir orfanatorios, albergues y misiones de rescate; ayudaban a los inmigrantes, daban de comer al hambriento, escribían artículos para los periódicos que promovían la justicia social, enviaban misioneros a otras partes del mundo, evangelizaban en otras ciudades y pueblos, etc.

Todo esto era parte de lo que eran ellos. Los nazarenos estaban comprometidos seriamente a demostrar que hacían lo que Jesús hizo, a

Países y años en que se estableció la Iglesia del Nazareno hasta Febrero 2017.

1887 - Estados Unidos
1898 - India
1901 - Cabo Verde
1902 - Canadá
1902 - Cuba
1903 - México
1904 - Guatemala
1905 - Japón
1909 - Argentina
1909 - Reino Unido
1910 - Swazilandia
1914 - Perú
1919 - Sudáfrica
1920 - Siria
1922 - Mozambique
1926 - Barbados
1926 - Trinidad
1934 - Belice
1937 - Nicaragua
1944 - Puerto Rico
1944 – Islas Vírgenes
1945 - Bolivia
1946 - Australia
1946 - Guyana
1946 - Filipinas
1948 - Italia
1948 - Corea del Sur
1949 - Uruguay
1950 - Haití
1952 - Nueva Zelandia
1953 - Panamá
1955 - Papúa Nueva Guinea
1956 - Taiwán
1957 - Malawi
1958 - Samoa Americana
1958 - Brasil
1958 - Alemania
1960 - Dinamarca
1961 - Zambia
1962 - Chile
1963 - Zimbawe
1964 - Costa Rica
1964 - El Salvador
1964 - Samoa
1966 - Jamaica
1967 - Holanda
1970 - Bermuda
1970 - Honduras
1971 - Bahamas
1971 - Guam
1972 - Ecuador
1972 - Santa Lucía

1973 - Antigua
1973 - Namibia
1973 - Portugal
1974 - Dominica
1974 - República Dominicana
1974 - Hong Kong (SAR)
1975 - Colombia
1975 - San Vicente
1976 - Martinica
1977 - Francia
1977 - Granada
1977 - Nigeria
1978 - Suiza
1980 - Paraguay
1981 - España
1982 - Venezuela
1983 - St. Kitts & Nevis
1984 - Azores
1984 - Botswana
1984 - Kenia
1984 - Surinam
1984 - Myammar
1985 - Chipre
1986 - Egipto
1986 - Guadalupe
1987 - Costa de Marfíl
1987 - Irlanda
1988 - Guyana Francesa
1988 - Senegal
1988 - Uganda
1989 - Tailandia
1990 - República democrática del Congo
1990 - Ghana
1990 - Liberia
1990 - Rwanda
1990 - Tanzania
1992 - Angola
1992 - Bangladesh
1992 - Rumania
1992 - Rusia
1992 - Islas de Salomón
1992 - Ucrania
1993 - Lesotho
1993 - Madagascar
1994 - Bulgaria
1994 - San Martín
1995 - Fiji
1995 - Palau
1996 - Hungría
1996 - Pakistán
1997 - Burkina Faso
1997 - República del Congo
1997 - SantoTomé y Príncipe
1998 - Benin
1998 - Nepal
1998 - Togo

predicar el evangelio de las buenas de salvación en palabras y hechos, y a testificar de su experiencia de santidad como algo real y presente. Todo lo que ellos hacían era central a su identidad como una iglesia misional (no se limitaba a las necesidades locales solamente, sino que iba más allá de sí misma).

El Dr. Ron Benefiel invita a los nazarenos a preguntarse: ¿Somos todavía un pueblo con una misión? ¿Es la misión que Dios dio a los primeros nazarenos, todavía una misión para la iglesia de hoy en día?

Aún vivimos en un mundo quebrantado, enfermo y desalentado, y la Iglesia del Nazareno todavía tiene clara su misión de mostrar amor y atender las necesidades de los débiles, de predicarles el evangelio y testificarles de la santificación como una experiencia transformadora, real y presente. Esa misión según el Dr. Wesley Tracy, va en cuatro direcciones: la adoración corporativa, el evangelismo, la edificación y el servicio.

Entonces, es asunto de continuar dando evidencias del compromiso que tenemos los nazarenos con nuestra misión, con Dios, y con nosotros mismos; de disponernos a responder al llamado del Señor, y de darnos a nosotros mismos en sacrificio por seguir en los pasos de Jesús.

La Iglesia del Nazareno es una iglesia de la Gran Comisión

A continuación veremos cómo cumplir la Gran Comisión

Los nazarenos somos llamados a testificar fiel y atractivamente a nuestros familiares, amigos y vecinos de la transformación que hace Jesucristo en nuestras vidas de manera que ellos también deseen tener una vida nueva y llena del amor de Dios. Los medios que se utilizan para llevar a cabo la Gran Comisión son numerosos y creativos. Todos los nazarenos debemos estar comprometidos con la tarea de hacer discípulos.

A la par de la Gran Comisión (Mateo 28:18-20), está el Gran Mandamiento (Mateo 22:36-39) de amar a nuestro prójimo como a nosotros mismos. Ésta es la motivación para demostrar amor, compasión y aliviar las necesidades de los pobres y quebrantados como parte de nuestra misión.

Desde sus inicios, la denominación se interesó en las misiones, así que la evangelización del mundo es su misión. La obra misionera se realiza por medio de la predicación, la enseñanza, la evangelización, la acción social, la difusión, etc.

Sin embargo, esta tarea cuesta dinero y esfuerzo, por lo que las congregaciones locales dan ofrendas generosas, oran, ayunan y apoyan las misiones internacionales y a los misioneros a fin de que muchas personas en cualquier parte del mundo tengan la oportunidad de conocer y recibir a Jesucristo como Salvador y Señor.

Por medio de las ofrendas para evangelismo mundial, los nazarenos de cualquier lugar, participan en alcanzar a otros pueblos del mundo, quienes desde sus orígenes siempre han sido generosos al ofrecer sus recursos económicos para la extensión de la iglesia.

La misión de la Iglesia del Nazareno después de 100 años

En esta sección aprenderemos sobre nuestra misión hoy

En los primeros meses del año 2007, la Junta de Superintendentes Generales dio a conocer la nueva declaración de misión para la Iglesia del Nazareno. Esta expresa la misión oficial de la denominación: *"Hacer discípulos semejantes a Cristo en las naciones"*.

En Octubre de 2008, la Iglesia del Nazareno celebró 100 años de su historia y progreso como denominación, pero también fue un tiempo para re-enfocar, renovar y evaluar donde estamos como iglesia hoy día y dónde esperamos estar mañana. Cada congregación local alrededor del mundo, es animada a contar la historia de la denominación en términos de su historia desde los inicios, su mensaje, y misión como una familia denominacional.

Nuestra historia nos permite recordar nuestros humildes comienzos; nuestro mensaje es un tiempo para renovación y continuar con la proclamación del mensaje de santidad como uno de esperanza radical sobre las posibilidades de transformación personal y social; y nuestra misión como un tiempo para alcanzar a otros para Cristo en todo el mundo, motivados por nuestro compromiso y compasión que emergen de nuestros valores esenciales (Revista Grow, otoño 2003).

En la medida que la iglesia tenga una misión, seguiremos moviéndonos hacia delante. Eso mantendrá viva y en continuo crecimiento a la denominación, porque no puede existir una iglesia sin misión o sin una razón de ser.

La misión de la iglesia es para todos

En esta sección conoceremos como involucrarnos en la misión

Siendo que la misión de la Iglesia ha sido parte de nuestra identidad como denominación, es importante que conozcamos como participar en ella para promoverla y apoyarla. Una de esas maneras es conociendo quien es y que hace un misionero. El manual del departamento de Misión global de la Iglesia del Nazareno define como misionero a "aquel que ha dado testimonio de un llamado a tiempo completo, a un servicio transcultural y que ha completado un número de años calificado en trabajo misionero previo...Se requiere que tengan un conocimiento del idioma inglés y que sea fluido en el

1999 - Burundi
1999 - Camerún
1999 - Croacia
1999 - Gabón
1999 - Polonia
2000 - Aruba
2000 - Chuuk
2000 - Pohnpei
2000 - Saipán
2000 - Sri Lanka
2000 - Tonga
2001 - Timor del Este
2001 - Vanuatu
2002 - Armenia
2002 - Guinea Ecuatorial
2002 - Grecia
2002 - Islas Madeira
2003 - Reunión
2004 - Guinea-Bissau
2004 - Sierra Leona
2005 - Kosovo
2006 - Zanzíbar
2009 - Guinea Conakry
2009 - Moldova
2009 - Níger
2009 - Noruega
2012 - Sudán del Sur
2012 - Turcos y Caicos
2017 - Curazao
2017 - Mongolia
2017 - Singapur
(162 áreas)

*La **Gran Comisión**: Es el mandato de Jesús dado a sus discípulos que se encuentra en Mateo 28: 18-20.*

*El **Gran Mandamiento** es la enseñanza de Jesús a los fariseos y escribas sobre el amor que se encuentra en Mateo 22:36-39.*

Lección 7 - Nuestros Valores y Misión

Transcultural: Que afecta a una o varias culturas o a sus relaciones. Recepción de formas de cultura.

idioma del área donde trabaja". (Definición de un misionero global, párrafo 1.1, parte tres; política de gobierno para misioneros globales).

El Dr. Charles Gailey, misionero y profesor de misiones de la Iglesia del Nazareno y otros misiólogos, están de acuerdo que lo que diferencia a un misionero de la obligación universal de todo cristiano de testificar, es que los misioneros son seleccionados y enviados a otras culturas tal como se enseña en Hechos 1:8. Otra definición de misionero sería: Es aquel cristiano(a) llamado(a) por Dios, escogido y enviado por la iglesia, para comunicar las buenas nuevas de salvación, en diferentes formas a personas de diferentes etnias alrededor del mundo.

Los misioneros tienen cualidades, habilidades y características especiales para cumplir una tarea especial a la que llamamos la obra misionera, ésta se refleja en darse a los demás en amor e implica renunciar a ciertas comodidades, mantener una distancia geográfica de la familia y amigos, adoptar un estilo de vida sencillo, adaptarse a una cultura y en ocasiones, enfrentar peligros, sufrir enfermedades y hasta persecución.

Una iglesia misionera
Algunos cristianos son llamados por Dios a servir en este ministerio de tiempo completo, sin embargo, toda la iglesia debe ser misionera. Los cristianos somos llamados por Dios a compartir, servir y testificar lo que el Señor ha hecho en nuestra vida en el lugar donde vivimos, así como, también dar apoyo a aquellos que han ido a tierras lejanas, y que viven en otras culturas haciendo discípulos semejantes a Cristo.

Sabiendo de las diferentes circunstancias a los que los misioneros están expuestos, la iglesia se une para orar y dar su apoyo. Además, desarrolla actividades y programas que permitan a la iglesia local promover la obra misionera de la denominación y mantener contacto con los enviados a cierto país, así como para aprender de las necesidades y de la cultura de ese lugar. Si la misión de la iglesia es para todos, ¿Dónde entonces comienza la misión? La misión comienza con nosotros mismos cuando tomamos la iniciativa y la decisión de ir a buscar a los perdidos en donde ellos se encuentren. La misión de la iglesia está en casa, cerca de casa y lejos de casa.

El desafío del tercer milenio para la Iglesia del Nazareno

A continuación estudiaremos sobre los futuros desafíos de la misión

El Dr. Tom Nees en su libro The Changing Face of the Church from American to Global (El rostro cambiante de la iglesia de norteamericana a global), señala que el desafío para todos los líderes nazarenos de hoy, es prepararse mejor para trabajar en una iglesia caracterizada por la diversidad y el crecimiento urbano. Para servir mejor en el futuro, los líderes actuales necesitan capacitarse en las áreas de liderazgo, comunicación y cultura transcultural, aprender a administrar ministerios en diferentes idiomas y culturas y aprender a crear unidad en medio de esta diversidad.

Para Nees, el éxito de nuestra misión como denominación dependerá de tres factores importantes:

Primero, atraer a personas comprometidas y dedicadas como miembros y líderes de nuestra gran denominación.

Segundo, integrar en equipos multiculturales a personas con ideas creativas, sabias y sofisticadas, con dones y talentos, con diferentes trasfondos, perspectivas y experiencias, y con diferentes estilos de liderazgo.

Tercero, mantener y renovar la pasión para predicar el evangelio en cualquier lugar del mundo y seguir siendo fieles al mandamiento de amar al prójimo incondicionalmente.

Otros desafíos para las iglesias es aprender a desarrollar ministerios urbanos creativos para alcanzar a jóvenes, profesionales, universitarios, trabajadores, y otros grupos de la ciudad con el propósito de presentarles a Jesucristo y hacerlos discípulos; aprender a utilizar la Internet y sus diferentes medios como las redes sociales, correos electrónicos, chats, messenger, páginas web, skype; celulares (mensajes de texto); y otros avances tecnológicos que permitan contactar a la gente en distintas formas, lugares y horarios para compartir las buenas nuevas de salvación.

Es vital pues, que las iglesias locales desarrollen una fuerte pasión por Cristo y sean fieles en su misión de alcanzar a los perdidos, que tomen ventaja de la diversidad cultural, que sean flexibles, creativas, y generosas, que involucren a las generaciones jóvenes, y que amen a su prójimo incondicionalmente. Solo iglesias así, estarán preparadas para los desafíos de hoy y del futuro. Solo así llegarán a ser iglesias crecientes, saludables y efectivas en su ministerio.

Visión y propósito para nuestra región

En la Región Mesoámerica abrazamos la siguiente visión y propósito:

Visión

"Una Iglesia del Nazareno viva, unida, santa, creciente, que afirma su identidad, que impacta a la comunidad a través de la compasión y el amor de Cristo, comprometida con la formación de discípulos y la evangelización del mundo."

Propósito

"Cumplir la Gran Comisión de Jesucristo, haciendo discípulos, multiplicando y desarrollando una iglesia de santidad según las doctrinas y principios bíblicos de la Iglesia del Nazareno."

¿QUÉ APRENDIMOS?

La misión que abraza la Iglesia del Nazareno se originó en el corazón de Dios y ha sido, es y será una parte esencial de nuestra identidad. La razón de la existencia de la Iglesia del Nazareno es su misión.

Cada cristiano está llamado a testificar pero no todo cristiano está llamado a ser un misionero. La misión comienza con uno mismo.

Lección 7 - Nuestros Valores y Misión

Actividades

INSTRUCCIONES:

1. Analice la visión y el propósito de la Región MAC a la luz de la Gran Comisión delegada a la iglesia por Jesucristo en Mateo 28:19 y la misión original de la Iglesia del Nazareno expresada por Phineas Bresee. Luego responda: ¿De qué manera la misión de la Iglesia del Nazareno en la Región MAC, expresa la visión y propósito de Jesucristo para su iglesia y la de nuestros fundadores?

_____
_____
_____

2. ¿Asisten a su iglesia local personas de diferentes culturas, razas o nacionalidades? Haga una lista de las mismas. ¿Qué refleja eso? ¿Qué les dice eso?

_____
_____
_____

3. Explique cómo esta diversidad cultural y racial puede ser aprovechada para evangelizar a otros a nivel local, nacional e internacional.

_____
_____
_____

4. Explique en sus propias palabras, en qué consiste el llamado y trabajo misionero.

_____
_____
_____

5. En grupos de dos o tres, propongan ideas creativas de cómo apoyar las misiones internacionales y a los misioneros desde su iglesia local.

_____
_____
_____
_____

Lección 8

Nuestro Estilo de Vida

Objetivos

- Familiarizarse con las creencias y posiciones de la denominación.
- Saber fundamentar con las Escrituras lo que creemos.
- Entender la necesidad de una guía de conducta.

Ideas Principales

- La ética de santidad está basada en Jesucristo mismo y su amor por nosotros, y esa es la verdadera motivación para vivir una vida santa como cristianos.
- Cada cristiano debe saber lo que cree (y lo que su iglesia cree) y por qué.
- Las creencias se reflejan en la conducta.

Introducción

¿Qué caracteriza al cristiano? ¿Qué hace a un cristiano diferente al resto del mundo? ¿Es suficiente ser solo bueno o serlo por una razón correcta? ¿Cuál es la motivación que hay detrás de nuestra obediencia a las normas cristianas? ¿Es cierto que no importa lo que uno crea con tal que sea sincero? ¿Por qué es importante ser leal a las doctrinas y estándares de la iglesia?

¿Cuál es la cosmovisión cristiana de los nazarenos?

A continuación aprenderemos qué es cosmovisión cristiana

Cosmovisión es "el lente por el cual vemos y valoramos el todo de la cultura humana y nuestro lugar en la misma" (Al Truesdale). Los cristianos tienen una cultura cristiana que está basada en el evangelio, están convencidos que ese evangelio tiene poder para transformar vidas y hacer una diferencia en el mundo. Por tanto, ese evangelio nos da nuevos valores y con ello podemos valorar la cultura y nuestro lugar en ésta.

Una cosmovisión cristiana incluye la realidad del poder transformador del evangelio en las personas, la confianza en el Espíritu Santo para cambiar el bagaje mental y cultural de los cristianos. Esa cosmovisión es algo que se desarrolla intencionalmente y va en progreso, en la medida que sometamos todas las áreas de nuestra vida a Cristo; para que Él cambie nuestras maneras de pensar, nuestros patrones, presuposiciones, valores, modos de vida, etc. Así pues, cada vez que cambiamos los valores, la manera de pensar y las costumbres que son contrarias a los valores cristianos, estaremos formando nuestra cultura cristiana.

Bagaje mental y cultural: conjunto de conocimientos, ideas, presuposiciones, creencias, etc.

¿Qué es el Pacto de Carácter Cristiano?

Ahora estudiaremos sobre el compromiso de vida cristiana

La Iglesia del Nazareno cree que la correcta manera de vivir la vida cristiana, es el resultado de una correcta relación con Cristo. En la medida que el corazón no se centre en uno mismo sino en Cristo, nuestra vida reflejará la imagen y carácter de Dios, mostrará una inclinación positiva a lo que es bueno, y no buscará hacer lo mínimo para complacer a Dios, sino que cuanto más amemos a Dios, más puro será nuestro corazón.

Los nazarenos se guían por tres principios o "Reglas Generales" (practicados por Juan Wesley y por Phineas Bresee) que muestran la aplicación de ese amor en la vida práctica del cristiano. Estas reglas aparecen bajo el nombre de: el Pacto de Carácter Cristiano y se encuentran en nuestro manual (Parte II Constitución de la Iglesia, sección La Iglesia):

PRIMERO: Haciendo lo que se nos ordena en la Palabra de Dios, la cual es nuestra regla de fe y práctica, incluyendo:

1. Amar a Dios con todo el corazón, alma, mente y fuerza, y al prójimo como a sí mismo (Éxodo 20:3-6; Levítico 19:17-18; Deuteronomio 5:7-10; 6:4-5; Marcos 12:28-31; Romanos 13:8-10).

2. Llamar la atención de los inconversos a las demandas del evangelio, invitarlos a la casa del Señor y procurar que reciban salvación (Mateo 28:19-20; Hechos 1:8; Romanos 1:14-16; 2; Corintios 5:18-20).

3. Ser corteses con todas las personas (Efesios 4:32; Tito 3:2; 1 Pedro 2:17; 1 Juan 3:18).

4. Ser de ayuda a los que son también de la fe, soportándose los unos a los otros en amor (Romanos 12:13; Gálatas 6:2, 10; Colosenses 3:12-14).

5. Tratar de hacer bien a los cuerpos y las almas de los hombres; dar de comer al hambriento, vestir al desnudo, visitar a los enfermos y presos, y ministrar a los necesitados, según la oportunidad y la capacidad que les sean dadas (Mateo 25:35-36; 2 Corintios 9:8-10; Gálatas 2:10; Santiago 2:15-16; 1 Juan 3:17-18).

6. Contribuir al sostenimiento del ministerio, la iglesia y su obra con diezmos y ofrendas (Malaquías 3:10; Lucas 6:38; 1 Corintios 9:14; 16:2; 2 Corintios 9:6-10; Filipenses 4:15-19).

7. Asistir fielmente a todas las ordenanzas de Dios y los medios de gracia, incluyendo el culto público a Dios (Hebreos 10:25), la ministración de la Palabra (Hechos 2:42), el sacramento de la Santa Cena (1 Corintios 11:23-30), el escudriñar y meditar en las Escrituras (Hechos 17:11; 2 Timoteo 2:15; 3:14-16), las devociones familiares y privadas (Deuteronomio 6:6-7; Mateo 6:6).

SEGUNDO: Evitando toda clase de mal, incluyendo:

1. Tomar el nombre de Dios en vano (Éxodo 20:7; Levítico 19:12; Santiago 5:12).

2. Profanar el Día del Señor al participar en actividades seculares innecesarias, dedicándose, por lo tanto, a prácticas que nieguen su

---

Principios éticos para la vida
La Iglesia del Nazareno proclama que podemos ser hechos libres de todo pecado para tener una nueva vida en Cristo.
- Obedece los diez mandamientos como la ética cristiana básica.
- Reconoce la validez de la conciencia cristiana colectiva iluminada y dirigida por el Espíritu Santo.
- Cultiva la sensibilidad hacia el mal con la ayuda del Espíritu Santo.
- Fomenta la enseñanza y predicación de principios y valores cristianos.
- Desarrolla la facultad de discernimiento entre lo malo y lo bueno.
- Dar testimonio e influenciar en instituciones públicas donde los miembros laboren.

santidad (Éxodo 20:8-11; Isaías 58:13-14; Marcos 2:27-28; Hechos 20:7; Apocalipsis 1:10).

3. Inmoralidad sexual, como relaciones pre-maritales o extramaritales, perversión en cualquier forma, o licencia excesiva y conducta impropia (Éxodo 20:14; Mateo 5:27-32; 1 Corintios 6:9-11; Gálatas 5:19; 1 Tesalonicenses 4:3-7).

4. Hábitos o prácticas que se sabe son nocivos al bienestar físico y mental. Los cristianos deben considerarse templos del Espíritu Santo (Proverbios 20:1; 23:1-3; 1 Corintios 6:17-20; 2 Corintios 7:1; Efesios 5:18).

5. Reñir, devolver mal por mal, chismear, calumniar, diseminar conjeturas injuriosas al buen nombre de otros (2 Corintios 12:20; Gálatas 5:15; Efesios 4:30-32; Santiago 3:5-18; 1Pedro 3:9-10).

6. Defraudar, tomar ventaja al comprar y vender, dar falso testimonio, y semejantes obras de las tinieblas (Levítico 19:10-11; Romanos 12:17; 1 Corintios 6:7-10).

7. Dejarse dominar por el orgullo en el vestir o en la conducta. Nuestra feligresía debe vestirse con la sencillez y modestia cristianas que convienen a la santidad (Proverbios 29:23; 1 Timoteo 2:8-10; Santiago 4:6; 1 Pedro 3:3-4; 1 Juan 2:15-17).

8. Música, literatura y diversiones que deshonran a Dios (1 Corintios 10:31; 2 Corintios 6:14-17; Santiago 4:4).

TERCERO. Permaneciendo en comunión sincera con la iglesia, no hablando mal de ella, sino totalmente comprometidos con sus doctrinas y costumbres, y participando activamente en su testimonio y expansión continuos (Efesios 2:18-22; 4:1-3, 11-16; Filipenses 2:1-8; 1 Pedro 2:9-10).

El propósito de estos principios es desarrollar relaciones de amor entre los miembros del Cuerpo de Cristo y sobretodo, con nuestro prójimo y aún con nuestros enemigos. Por tanto, es importante para los creyentes aprender a ser sensibles para discernir nuestras propias actitudes, hábitos, patrones y prácticas (culturales o no), especialmente aquellos que son negativos; a practicar y ser compasivos, a velar por las necesidades de los demás y la de la familia de Dios; y finalmente, a nutrir lo bueno, lo positivo y lo agradable en nuestras vidas.

El bienestar de la comunidad cristiana siempre está por encima de los placeres y hábitos personales, nadie debe buscar su propio bienestar primero sino el de los demás, nadie debe ser un obstáculo para el otro; y todo lo que está disponible no es necesariamente de edificación.

Por otro lado, se anima a los creyentes a cuidarse de caer en el legalismo para probar que uno puede ser bueno para Dios. La iglesia no está para "vigilar" a sus miembros en su actuar cada momento de sus vidas, pero sí para inspirar, animar e instruir en lo que Dios dice sobre la vida santa confiando en la guía personal del Espíritu Santo para cada uno.

Legalismo: es la observación fanática y aplicación literal de la ley como medio de salvación.

Posición oficial de la denominación en temas cruciales contemporáneos

En esta sección conoceremos como opinar y conducirnos en temas polémicos

A fin de que sus miembros mantengan altos estándares de vida cimentados en los principios bíblicos, la Iglesia del Nazareno provee a sus miembros una guía de cómo vivir, pensar y actuar frente a asuntos sociales y morales de nuestra sociedad contemporánea. (Lo que sigue se basa en la Parte III El Pacto de Conducta Cristiana y Parte X Apéndice sección IV Asuntos Sociales y Morales Contemporáneos del manual de la iglesia).

Las diversiones

Se recomienda evitar los entretenimientos que promuevan: la violencia, la pornografía, la sensualidad, el ocultismo, el secularismo, materialismo; loterías y juegos de azar legales o ilegales, formas de baile que desvíen del crecimiento espiritual y destruyan las inhibiciones morales, la afiliación a órdenes o sociedades secretas, uso, tráfico, negocio de licores embriagantes, drogas, tabaco, estimulantes y alucinantes.

Apoyar y fomentar entretenimientos que respalden y promuevan la vida santa y afirmen los valores bíblicos.

Matrimonio, divorcio y/o disolución del matrimonio

La Iglesia del Nazareno cree que el matrimonio:

- Fue instituido y ordenado por Dios.
- Es la unión mutua de un varón y de una mujer para compañerismo, ayuda mutua y propagación de la raza.
- Es un estado sagrado.
- Es un compromiso de por vida entre un hombre y una mujer.
- El pacto matrimonial es moralmente obligatorio mientras ambos cónyuges vivan.
- El divorcio es una infracción a las enseñanzas bíblicas, pero que no está fuera del alcance del perdón y la gracia de Dios.

No obstante, la iglesia reconoce que muchas personas pasan por esta experiencia y que nuestra misión es restaurarles y enseñarles los principios bíblicos para que tengan experiencias positivas en sus relaciones matrimoniales presentes o futuras.

Lo sagrado de la vida humana

La Iglesia del Nazareno cree que la vida humana es sagrada desde el momento de la concepción.

<u>La Iglesia del Nazareno apoya:</u>

- El inicio de programas designados para proveer cuidado para madres y niños (centros de orientación, casas de asilo para madres

---

¿Cómo decidir qué diversiones son buenas para mí?
Juan Wesley enseñaba este principio que aprendió de su madre Susana: "Todo lo que nuble tu razón, adormezca tu conciencia, oscurezca tu sentido de Dios, o elimine el sentir de las cosas espirituales, todo lo que incremente la autoridad de tu cuerpo sobre tu mente, todo ello para ti es pecado".

Modestia cristiana en el vestir
Vestir en todo tiempo con modestia en lugares públicos como una expresión de la santidad.

Eutanasia: es la acción de solicitar que le acorten la vida voluntariamente a una persona con el propósito de terminar con los sufrimientos de una enfermedad incurable.

Donación de órganos humanos
La iglesia apoya los donativos de órganos humanos para transplantes, así como la distribución de órganos moral y éticamente justa a los calificados para recibirlos.

Pornografía
Afirmamos que los seres humanos son creados a la imagen de Dios y que la pornografía degrada, explota y abusa de hombres, mujeres y niños.
La iglesia debe mostrar una activa oposición a la pornografía por todos los medios legítimos y procurar alcanzar para Cristo a todas las personas que están envueltas con ésta.

embarazadas, creación y utilización de servicios de adopción cristianos).

- La práctica de la ética del Nuevo Testamento con respecto a la sexualidad humana y el aborto.

- El mensaje del perdón de Dios para cada persona que ha experimentado un aborto.

- La ingeniería genética para prevención y curación de enfermedades, males físicos y mentales.

- Las investigaciones de células madres de fuentes tales como tejidos humanos de adultos, y de placenta, sangre, y de cordón umbilical de animales.

La Iglesia del Nazareno se opone a:

- Aborto inducido por cualquier medio, ya sea por conveniencia personal o para el control de la población.

- Las leyes que autorizan el aborto.

- La ingeniería genética que promueva la injusticia social, ignore la dignidad humana, busque la superioridad racial, intelectual, social.

- Los estudios del ADN que fomenten el aborto humano.

- La eutanasia o término de la vida para que no sufra una persona.

- Uso de células madres extraídas de embriones humanos para la investigación, intervenciones terapéuticas y otros.

- El uso de embriones humanos para cualquier propósito e investigación que toma la vida de un ser humano después de la concepción.

- Uso de tejido obtenido de fetos humanos abortados.

- La clonación de un ser humano porque no es un objeto sino que tiene dignidad y valor concedido por el Creador.

- La eutanasia para poner fin al sufrimiento.

- La legalización de la eutanasia.

La Sexualidad Humana

La Iglesia del Nazareno considera a la sexualidad humana, como una expresión de la santidad y belleza que Dios el Creador deseó dar a su creación. La sexualidad es una de las formas en que se sella y expresa el pacto entre el esposo y la esposa, puede y debe ser santificada por Dios, y se realiza sólo como una señal de amor y lealtad totales.

La sexualidad no cumple su propósito, cuando se considera como fin en sí misma o cuando se degrada al usar a otra persona para satisfacer intereses sexuales pornográficos y pervertidos.

Todas las formas de intimidad sexual practicadas fuera del pacto matrimonial heterosexual (hombre-mujer) son distorsiones pecaminosas de la santidad y belleza que Dios propuso darle. La homosexualidad es un medio por el que se pervierte la sexualidad humana. La Biblia condena estos actos pecaminosos que están sujetos a la ira de Dios.

La moralidad cristiana y la práctica de la homosexualidad son incompatibles. Sin embargo, la persona homosexual necesita de aceptación del pueblo de Dios a fin de que pueda conocer la gracia de Dios que es suficiente para salvarle de sus pecados y poner fin a la práctica del homosexualismo.

Discriminación y maltrato de indefensos

La iglesia rechaza cualquier forma de discriminación. Afirma que Dios es el Creador de todas las personas. Cualquiera sea su raza, color, sexo, credo, debe gozar de igualdad ante la ley. Entiende que los programas de educación deben cultivar la comprensión y la armonía raciales.

La iglesia aborrece el maltrato de toda persona y busca aumentar la conciencia pública por medio de publicaciones e información educativa apropiada. A aquellos que actúan bajo la autoridad de la iglesia, se les prohíbe participar en actos de inmoralidad sexual y en otras formas de maltrato a los indefensos.

Responsabilidad hacia los pobres

La iglesia busca establecer una relación especial con los pobres de este mundo, por tal razón, se identifica y solidariza con ellos y lucha por proveerles oportunidad, igualdad y justicia.

La iglesia y la libertad humana

La iglesia anima a sus miembros a participar en la actividad política, en las elecciones para los cargos públicos, escogiendo personas que crean en los principios de la dignidad del hombre como creación de Dios y lo sagrado de su conciencia individual, y que sepan responder ante Dios y los que los eligieron al desempeñar sus puestos.

La guerra y el servicio militar

Se pide a la iglesia usar sus influencias para buscar los medios que hagan posible que las naciones vivan en paz. Ella debe dedicar todos sus esfuerzos a la propagación del mensaje de paz. Los creyentes deben servir a su nación en toda forma compatible con la fe y el estilo de vida cristiana.

Creación

La iglesia afirma el relato bíblico de la creación y se opone a la interpretación impía de la hipótesis evolucionista que niega que los seres humanos tenemos una responsabilidad moral frente a nuestro Creador.

Abuso de sustancia químicas, bebidas alcohólicas y tabaco

La iglesia del Nazareno se opone al abuso de sustancias químicas (abuso de drogas legales o ilegales) como mal social. La iglesia debe toma parte activa y visible en la educación para prevenir este abuso.

Sida
La iglesia muestra amor y preocupación por las personas que sufren de sida y sostiene programas para su prevención, tratamiento y trabajo pastoral con los afectados.

Se opone públicamente al uso del tabaco y las bebidas alcohólicas en todas sus formas y apoya la prohibición de toda publicidad sobre el tabaco y las bebidas alcohólicas en los diferentes medios de comunicación.

La mayordomía cristiana

La iglesia sostiene lo que las Escrituras enseñan que Dios es el dueño de todas las personas y de todas las cosas, y que nosotros somos mayordomos tanto de la vida como de las posesiones. Creemos que cada uno dará cuenta a Dios por el desempeño de nuestra mayordomía.

La práctica cristiana de contribuir con diezmo y ofrendas, reconoce a Dios como dueño sobre todas las cosas. Esta práctica permite anunciar el evangelio. Por ello, la Iglesia del Nazareno anima a sus miembros a:

- Diezmar fielmente y dar ofrendas para el sostenimiento del evangelio, construcción de edificios de la iglesia, sostenimiento de sus ministros y ministerios.

- Usar métodos legítimos y éticos para recaudar fondos.

- Planificar adecuadamente las finanzas de la iglesia.

- Pagar fielmente las asignaciones y presupuestos locales, educacionales, distritales y generales.

- Planificar con anticipación donativos, ofrendas, herencia y otras contribuciones para apoyar los ministerios de la iglesia.

Mayordomo: Un miembro de la Iglesia del Nazareno que es escogido para algunas responsabilidades específicas en las áreas de visitación, finanzas, evangelismo, compasión, adoración pública, discipulado, preparación y distribución de los elementos para la Cena del Señor, entre otros.

Juan Wesley recomendaba seguir los siguientes principios para la administración del dinero: "Gana todo lo que puedas, ahorra todo lo que puedas, da todo lo que puedas".

¿QUÉ APRENDIMOS?

Que la Iglesia del Nazareno:

Mantiene altos estándares de conducta y no permite que el mundo la moldee según sus filosofías y valores.

Se rehúsa a tener un código de conducta legalista, al contrario, provee principios bíblicos y razonables.

Afirma que la entera santificación en las personas refleja una verdadera ética cristiana en sus vidas en todas las áreas y relaciones.

Reconoce las implicaciones sociales del evangelio y procura desarrollar en sus miembros una cosmovisión cristiana.

Actividades

INSTRUCCIONES:

1. Explique cuál es la relación entre la forma en que actuamos y vivimos (conducta), lo que decimos, pensamos o enseñamos, y la opinión que tienen los vecinos de la comunidad de la iglesia.

_____
_____
_____
_____
_____

2. ¿Cómo se refleja la vida de santidad en lo que pensamos, decimos y hacemos? De ejemplos.

_____
_____
_____
_____
_____
_____

3. Mencione algunas ideas creativas de cómo puede la iglesia dar a conocer en su contexto, los principios éticos que enseña la Biblia sobre asuntos que ponen en peligro la salud espiritual, física, psíquica y emocional de las personas.

_____
_____
_____
_____
_____

4. Escojan un tema actual para discusión en la clase. Por ejemplo: el aborto. Dividan la clase en dos grupos. Trace dos columnas en una pizarra. El grupo a favor del aborto (es una decisión individual) argumentará primero, escribiendo en la pizarra una lista de motivos y razones que justifican esta práctica en la sociedad contemporánea. La otra mitad de la clase argumentará en contra del aborto (a favor de la vida) y defenderá su posición dando motivos, razones etc. y la respuesta cristiana, escribiendo los mismos tambien en la pizarra.

Notas

Evaluación Final

CURSO: EL ADN DE LOS NAZARENOS

Nombre del alumno/a: _____

Iglesia o centro donde estudia: _____

Distrito: _____

Profesor/a del curso: _____

Fecha de esta evaluación: _____

1. Explique en sus palabras cómo le ayudó este curso a valorar su identidad como nazareno/a.

   _____
   _____
   _____
   _____

2. Mencione algún tema del curso o lección que fue nuevo y provechoso para usted. Explique por qué.

   _____
   _____
   _____
   _____

3. Explique cómo este curso le ayudó a tener un compromiso más serio con la misión y ministerio de la Iglesia del Nazareno.

   _____
   _____
   _____

4. ¿Qué aprendió en la practica ministerial del curso?

   _____
   _____
   _____

5. En su opinión ¿Cómo se podría mejorar este curso?

   _____
   _____
   _____

Bibliografía

Libros:

Bangs, Carl. *Our Roots of Belief.* Kansas City: Beacon Hill Press: 1981.

_____ *Phineas F. Bresee: His Life in Methodism, the Holiness Movement and the Church of the Nazarene.* Kansas City: Beacon Hill Press: 1995.

Bennis, Warren y Nanus, Burt. *Líderes: Las cuatro claves del liderazgo eficaz.* México: Norma, 1996.

Coolidge, Faith. *Esta es mi Iglesia.* Kansas City: Casa Nazarena de Publicaciones, s/f.

Fernández, Mónica Mastronardi. *Desarrollo integral de la Iglesia.* Curso de Formación Ministerial. Guía para el profesor. Asociación CN-MAC, Ciudad de Guatemala: 2010.

Gilliland, Ponder W. *Credo y Conciencia (Believe and Behave).* Kansas City: Casa Nazarena de Publicaciones: 1969.

Iglesia del Nazareno. *Manual of the Church of the Nazarene 1898.*

_____ *Manual of the Church of the Nazarene 1908.*

_____ *Manual de la Iglesia del Nazareno 2005-2009.*

_____ *Manual de la Iglesia del Nazareno 2013-2017.*

Kammerdiener, Donald. *El crecimiento de la iglesia ¿qué es y cómo lograrlo?.* El Paso, Texas: C.B.P., 1975.

Knight, John A. *Bridge to Our Tomorrows: A Millennial Address to the Church of the Nazarene.* Kansas City, Beacon Hill Press: 2000.

Larson, Pedro. *Crecimiento de la Iglesia. Una perspectiva Bíblica.* El Paso, Texas: Casa Bautista de Publicaciones: 1989.

Malca, Ignacio. *Organización y política de la Iglesia del Nazareno.* Curso de Formación Ministerial. Libro del alumno. Asociación CN-MAC, Ciudad de Guatemala, 2010.

Redford, M.E. y Gene van Note. *Surge la Iglesia del Nazareno.* Kansas City: Casa Nazarena de Publicaciones: 1988.

Riggle, MaryLou. *La Teología Wesleyana en Perspectiva Histórica.* I Convocatoria Académica, SENDAS, San José, Costa Rica: 1988.

Riofrío, Victor. *Historia de la Iglesia del Nazareno.* Curso de Formación Ministerial. Guía para el profesor. Asociación CN-MAC, Ciudad de Guatemala: 2010.

Robertson, Archibald Tomas. *Imágenes verbales del Nuevo Testamento. Tomo 4. Epístolas de Pablo.* Barcelona: Clie, 1989.

Smith, Timothy L. *La Historia de los Nazarenos: Los Años Formativos.* Kansas City: Casa Nazarena de Publicaciones, Vol. 1, s/f.

Stott, John J. *"La Iglesia" Parte IV de El cristiano contemporáneo.* Buenos Aires: Nueva Creación: 1995.

Taylor, R.S. Grider J.K. y Taylor W.H. *Diccionario Teológico Beacon.* Kansas City: Beacon Hill Press: 1995.

Teakell, Garnett. *Arminio y los Arminianismos.* Convocatoria Académica, SENDAS, San José, Costa Rica: 1988.

Truesdale, Albert. *Asunto de vida o muerte.* Kansas City: C.N.P., 1993.

Young, Bill. *Sucedió en un Pueblito (It happened at Pilot Point).* Kansas City: Casa Nazarena de Publicaciones: 1972.

Folletos publicados por la Iglesia del Nazareno:

Bienvenido a la Iglesia del Nazareno: Guía para Miembros Nuevos. Kansas City: Editorial Presencia, 2003.

Cuidado Pastoral de los Miembros de la Iglesia. Kansas City, 2002.

Diccionario para nuevos creyentes. San José, Costa Rica: Iglesia del Nazareno Región MAC, 2001.

Introducción a la Membresía de la Iglesia. Kansas City: Casa Nazarena de Publicaciones, 2000.

Valores Esenciales de la Iglesia del Nazareno. Kansas City, 2000.

Revistas:

Holiness Today, August 2000 vol. 2, No. 8, Kansas City, Nazarene Publishing House.

Holiness Today, May 2000, vol. 2, No.2, Kansas City, Nazarene Publishing House.

Holiness Today, December 2000, vol. 2, No.12, Kansas City, Nazarene Publishing House.

Holiness Today, June 2000, vol. 2, No.6, Kansas City, Nazarene Publishing House.

Páginas web:

Iglesia del Nazareno, Manual 2013-2017. Descargable en: www.mesoamericaregion.org/package/manual-2013-2017

www.nazarene.org/minitries/administration/archives/display.aspx

www.nazarene.org/superintendents/mission/display.aspx

www.nazarene.org/superintendents/display.aspx

www.nazareneworldmission.org/regions.aspx

www.nazareneglobalministrycenter.org